21世紀の
介護保険政策集
― 政党を中心に ―

松井圭三・今井慶宗 編著

大学教育出版

21世紀の介護保険政策集
—— 政党を中心に ——
目　次

はしがき ……………………………………………………………… 1

第1章　介護保険制度の概要 ……………………………………… 3
1. 介護保険制度の背景 …………………………………………… 3
2. 介護保険のしくみ ……………………………………………… 3
3. 保険者 …………………………………………………………… 4
4. 被保険者 ………………………………………………………… 4
5. 保険料 …………………………………………………………… 4
6. 保険給付 ………………………………………………………… 4
7. 介護保険法の改正 ……………………………………………… 6

第2章　研究者達の介護保険論評 ………………………………… 15
1. 小倉襄二氏（牧方市福祉オンブズパーソン・同志社大学）……… 15
2. 石川満氏（日本福祉大学）……………………………………… 16
3. 井上英夫氏（金沢大学）………………………………………… 16
4. 岸田孝史氏（特別擁護老人ホーム「緑陽苑」）………………… 17
5. 木下秀雄氏（大阪市立大学法学部）…………………………… 18
6. 伊藤周平氏（九州大学大学院）………………………………… 19
7. 羽毛田信吾氏（厚生労働省老人保健福祉局）………………… 20
8. 京極高宣氏（日本社会事業大学）……………………………… 21
9. 栃本一三郎氏（上智大学）……………………………………… 21
10. 根本博司氏（武蔵野女子大学）………………………………… 22
11. 岡本裕三氏（神戸市看護大学）………………………………… 22
12. 坪山孝氏（桃山学院大学）……………………………………… 23
13. 松田鈴夫氏（国際医療福祉大学）……………………………… 23
14. 山崎敏氏（上智社会福祉専門学校）
　　斉藤弥生氏（大阪大学大学院）……………………………… 24

第3章	旧新進党・公明党の介護保険の政策論点 …………………………	*25*
第4章	民主党介護保険の政策論点 …………………………………………	*49*
第5章	日本共産党の介護保険政策の論点 …………………………………	*99*
第6章	社会民主党の介護保険政策の論点 …………………………………	*127*
第7章	自由党の介護保険政策の論点 ………………………………………	*157*
第8章	自由連合の介護保険政策の論点 ……………………………………	*159*
第9章	新党日本の介護保険政策の論点 ……………………………………	*162*
第10章	介護保険の論点整理 ── 福祉政治論を中心に ── …………	*164*
	1. 研究の意義と問題の所在 ………………………………………	*164*
	2. 旧新進党、公明党の介護保険政策 ……………………………	*165*
	3. 民主党の介護保険政策 …………………………………………	*171*
	4. 共産党の介護保険政策 …………………………………………	*174*
	5. 3党の介護保険の論点における類似点 ………………………	*178*
	6. 3党の介護保険の論点にない課題 ……………………………	*179*
	7. まとめ ……………………………………………………………	*182*

はしがき

　介護保険政策に関しては、おもに厚生労働省や各種審議会の資料が一般的である。しかし、この介護保険は官僚主導で政策、立案されたと言えるが、また、政治的な過程を経て法案化された面も見逃せない。現に、当時の自民党、社会民主党、さきがけの連立与党の合意のもと、政治の強いリーダーシップがなければ、この政策は実現しなかった。また、この介護保険に対して当時の新進党（現在の公明党、自由党、保守党）日本共産党等は反対の立場をとったことも記憶に新しい。

　ところが、現在の政府与党は、この介護保険政策に異議のあった公明党や保守党が内閣の一員として政府に加わっており、介護保険に関しては政治はねじれた関係にあると言える。ゆえに、1999（平成11）年11月には、介護保険施行前に特別対策が講じられ、65歳以上の第一被保険者においては、一定期間の保険料が免除されたり、家族手当は支給しないとの厚生労働省の原則があるにもかかわらず、介護保険サービスを利用しない低所得者にかぎって「家族慰労金」が支払われるようになった。このように、突然に介護保険制度は迷走したのである。

　その是非は別にして、介護保険は基本的には民主主義の問題である。本来は、国民の代表である国会が、自らの立法権で福祉政策を構築しなければならない。しかし、戦後50数年経た今日のわが国でも、官僚主導の福祉政策が展開されてきた。

　しかし、介護保険は、この官僚主導があったのは事実であるが、各政党がそれぞれの立場から介護保険政策を国民に提示したことはある意味では評価していいのではないだろうか。

2002年にこの本を出版して早くも6年が経過した。この間の2005年には「介護保険法」は初めて改正され、新しい理念のもとに再出発した。また政治の状況も自民党、公明党の連立政権は9年目を迎えようとしているが、2007年の参院選選挙では野党の民主党が第1党となり、衆議院は与党、参議院は野党が過半数を占め、ねじれた国会となっている。この結果、これからの福祉政策の動向は現在混沌としており、将来の展望が見えない状況である。加えて、現在の少子高齢化、国、自治体の財政赤字等においては福祉政策の方向性の選択は困難な状況である。

　このような状況の中、2002年以降を含めた各党の「介護保険政策」の改訂版を世に出すことにした。一人でも多くの人が「介護保険」と「政治」に対して興味を少しでも持っていただけたらうれしいかぎりである。

　このブックレットは、各政党の介護保険政策をまとめたものである。各党の介護保険政策のエッセンスを網羅した。読者のみなさんが、これからの介護保険政策を考える一助にしていただければ幸いである。また、拙著である介護保険政策の論点も掲載している。私見であるが、公明党、民主党、日本共産党の介護保険の論点を分析した。読者の方のご批判をいただければうれしい限りである。とにかく、介護保険の将来は国民自身にある。一人ひとりの自覚と責任が今こそ重要な時期であることを強調したい。

　最後に、本書の出版に何かとお世話になった大学教育出版の佐藤守氏に厚く御礼申し上げたい。

2008年3月31日

松井　圭三
今井　慶宗

第1章
介護保険制度の概要

1．介護保険制度の背景

　介護保険制度は、今日の家族介護の限界をカバーするために制度化された。つまり、「介護の社会化」をはかる制度として登場した。また、医療供給が介護を担っていたが、福祉供給より高額の社会的コストがかかり、高齢者医療の増大を招くことになった。さらに、医療の必要のない高齢者が社会的入院をすることにより、ますます高齢者医療は膨脹し、何らかの社会的対策が必要となり、1996（平成8）年11月の第139回臨時国会で可決、成立となり、2000（平成12）年に同制度は施行された。

2．介護保険のしくみ

　同制度のサービスを受けようする者は、まず市町村に申請する。申請すると市町村の職員が申請者宅を訪問し、厚生労働省が示した85項目の調査を実施し、コンピューターで一次判定をする。次に、申請者の主治医の意見書を求め、市町村の要介護認定審査会で5人の保健、福祉、医療の専門家で二次判定をし、自立、要支援、要介護1～5のランクを決定する。これは、介護保険サービスの上限額を決定することである。次に、介護支援専門員（ケアマネージャー）が本人、家族の希望を聞き、いわゆるケアプラン（介護計画）を立て、介護サ

ービスを受けることになる。介護サービスはすべて1点10円ですべて企画化されており、介護サービスを受けるものはそのサービス額の1割を自己負担するシステムである。

3. 保険者

　介護保険の運営、管理は市町村と東京23区であり、基礎自治体が主体となる。また、基礎自治体どうしが共同で広域連合を設置したりすることも可能である。要介護認定を行うのも市町村と東京23区の業務である。

4. 被保険者

　65歳以上の国民が第1号被保険者、40歳以上65歳未満の国民は第2号被保険者として規定されている。

5. 保険料

　65歳以上の第1号被保険者は、基本的には保険料は年金からの天引きである。また、40歳以上65歳未満の第2号被保険者（雇用者）は医療保険の保険料に上乗せして、給与から天引きとなり、労使折半の負担となっている。自営業等の第2号被保険者は、市町村に自ら納付し、保険料を本人と国で折半している。

6. 保険給付

　図1にあるように、在宅サービスや施設サービスが規定されており、本人の

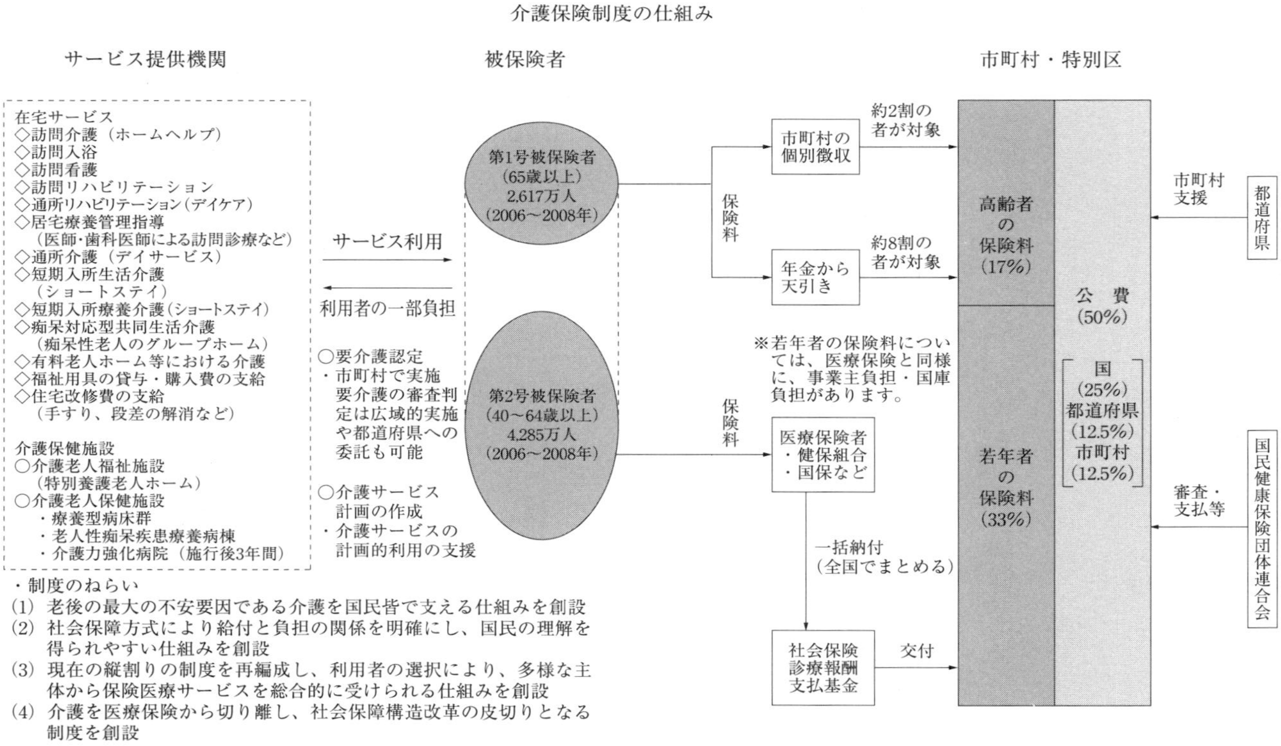

第1章 介護保険制度の概要　5

図1　介護保険制度の仕組み

(出所：上坂修子『厚生労働省』インターメディア出版　2001年)

選択によりこれらのサービスを受けることができる。ただし、要介護認定で自立と判定されれば、これらの介護サービスを受けることはできない。また、要支援と判定されれば、介護保険施設の入所はできず、在宅サービスのみ利用できることになっている。

7．介護保険法の改正

(1) 改正の経緯

　改正前の介護保険法附則第2条では、「介護保険制度については（中略）を含め、この法律の施行後5年を目途としてその全般に関して検討が加えられ、その結果に基づき、必要な見直し等の措置が講ぜられるべきものとする。」と定められていた。社会保障審議会介護保険部会で審議が行われ、2004年7月に「介護保険制度の見直しに関する意見」がとりまとめられた。政府は平成2005年2月8日に「介護保険法等の一部を改正する法律案要綱」を作成し、さらに、これを具体化した介護保険法等の改正法案を2005年2月に提出し、衆議院において一部修正のうえ、6月に可決成立した。2005年6月29日、「介護保険法等の一部を改正する法律」が公布された。改正法は一部を除いて2006年4月に施行された。

　政府が作成した上記「介護保険法等の一部を改正する法律案要綱」によれば、改正の趣旨は、「高齢化の一層の進展等社会経済情勢の変化に対応した持続可能な介護保険制度を構築するとともに、高齢者が尊厳を保持し、その有する能力に応じ自立した日常生活を営むことができる社会の実現に資するため、予防給付の給付内容の見直し、食費及び居住費に係る保険給付の見直し等保険給付の効率化及び重点化、地域密着型サービスの創設等新たなサービス類型の創設、事業者及び施設の指定等に係る更新制の導入等サービスの質の確保及び向上、障害年金及び遺族年金を特別徴収の対象とする等負担の在り方及び制度運営の見直し等の措置を講ずるものとすること」である。介護保険制度発足後、軽度者（要支援、要介護1）が大幅に増加し、認定者の半数を占めていたことや、い

わゆる廃用症候群にある者については、適切なサービス利用により「状態の維持・改善」が求められることも背景としてあった。さらには、介護保険財政が逼迫し、将来において保険料の大幅引き上げが避け難いため、その引き上げ幅を圧縮するという財政的な狙いも小さくない。

(2) 改正の概要

　以下、概ね「介護保険法等の一部を改正する法律案要綱」で示された項目・順番に従って、法改正の要点をみていきたい。実際の法改正も、ほぼ、同「要綱」で示された内容となっているので、主としてその表現を用い、必要に応じて補足・解説することとしたい。

① 法律の目的の改正

　改正後の法第1条では、「この法律は、加齢に伴って生ずる心身の変化に起因する疾病等により要介護状態となり、入浴、排せつ、食事等の介護、機能訓練並びに看護及び療養上の管理その他の医療を要する者等について、これらの者が尊厳を保持し、その有する能力に応じ自立した日常生活を営むことができるよう、必要な保健医療サービス及び福祉サービスに係る給付を行うため、国民の共同連帯の理念に基づき介護保険制度を設け、その行う保険給付等に関して必要な事項を定め、もって国民の保健医療の向上及び福祉の増進を図ることを目的とする。」とした。介護保険法の目的に「尊厳の保持」を明記していることが注目点である。

② 「痴呆」という用語

　旧法において用いられている「痴呆」という用語を見直した。なお、「認知症の状態」について、「要介護者であって、脳血管疾患、アルツハイマー病その他の要因に基づく脳の器質的な変化により日常生活に支障が生じる程度にまで記憶機能及びその他の認知機能が低下した状態（以下「認知症」という。）であるもの（その者の認知症の原因となる疾患が急性の状態にある者を除く。）」として、具体的な内容となった。「痴呆」という呼称が侮蔑的な響きのあることや、医学分野においても「認知症」という呼称が一般に用いられていることが改正の背景にある。

③　食費及び居住費に係る保険給付の見直し等

　介護保険3施設（ショートステイを含む）等における食事の提供に要した費用及び居住等に要した費用について、施設介護サービス費等の対象ではなくなった。施設入所者・ショートステイ利用者は在宅の場合と同様に居住費・食費を負担することとなった。通所サービスの食費についても同様である。居住費は、個室の場合は「減価償却費＋光熱水費相当額、多床室の場合は光熱水費相当額」である。食費は「食材料費＋調理コスト相当額」である。利用者が支払う居住費や食費の具体的な金額は、利用者と施設の契約によって定める。国は、「居住、滞在及び食事の提供に係る利用料に関するガイドライン」を示している。所得の状況その他の事情をしん酌して厚生労働大臣が定める者が指定施設サービス等を受けたときは、当該者に対し、介護保険施設等における食事の提供に要した費用及び居住等に要した費用について「特定入所者介護サービス費」等を支給する。これは、一言で言えば、低所得者に対する配慮である。

　なお、栄養ケアマネジメントは保険給付の対象となる。在宅にある者に比べて、施設入所者の負担割合が低いことや、年金と介護保険という二つの公的給付を受けていることなどを理由とするが、公費投入の削減に資するという面も否定しがたい。

④　介護予防に関する事項

　介護予防サービス及び介護予防サービス費の支給が法定化された。「介護予防サービス」とは、介護予防訪問介護、介護予防訪問入浴介護、介護予防訪問看護、介護予防訪問リハビリテーション、介護予防居宅療養管理指導、介護予防通所介護、介護予防通所リハビリテーション、介護予防短期入所生活介護、介護予防短期入所療養介護、介護予防特定施設入居者生活介護、介護予防福祉用具貸与及び特定介護予防福祉用具販売からなる。市町村は、居宅要支援被保険者が指定介護予防サービス事業者から介護予防サービスを受けたときは、介護予防サービス費を支給する。指定介護予防サービス事業者の指定は、介護予防サービス事業者の申請により、介護予防サービスの事業所ごとに都道府県知事が行う。

　要支援状態・要介護状態になる以前から対策を進める「介護予防」という概

念が前面に打ち出されている。今回の改正での大きな方向性の1つである。
⑤　地域密着型介護予防サービス及び地域密着型介護予防サービス費の支給
　「地域密着型介護予防サービス」とは、介護予防認知症対応型通所介護、介護予防小規模多機能型居宅介護及び介護予防認知症対応型共同生活介護からなる。地域密着型介護予防サービス費は市町村が支給する。
⑥　指定地域密着型介護予防サービス事業者
　指定地域密着型介護予防サービス事業者の指定は、地域密着型介護予防サービス事業者の申請により、地域密着型介護予防サービスの事業所ごとに市町村長が行い、当該指定をする市町村長がその長である市町村の介護保険の被保険者に対する地域密着型介護予防サービス費等の支給について、その効力を有する。
⑦　介護予防支援及び介護予防サービス計画費の支給
　「介護予防支援」とは、居宅要支援者が介護予防サービス等の適切な利用等をすることができるよう、地域包括支援センターの職員のうち厚生労働省令で定める者が、利用する介護予防サービス等の種類及び内容、担当者等を定めた計画を作成するとともに、介護予防サービス等の提供が確保されるよう、介護予防サービス事業者等との連絡調整等を行うものである。市町村は、居宅要支援被保険者が指定介護予防支援事業者から介護予防支援を受けたときは、介護予防サービス計画費を支給する。
⑧　指定介護予防支援事業者
　指定介護予防支援事業者の指定は、地域包括支援センターの設置者の申請により、介護予防支援事業の事業所ごとに市町村長が行い、当該指定をする市町村長がその長である市町村の介護保険の被保険者に対する介護予防サービス計画費等の支給について、その効力を有する。
⑨　地域密着型サービスに関する事項
　利用者の身近な地域で、地域の特性に応じた多様・柔軟なサービスが受けられるように「地域密着型サービス」が設けられた。「地域密着型サービス」とは、夜間対応型訪問介護、認知症対応型通所介護、小規模多機能型居宅介護、認知症対応型共同生活介護、地域密着型特定施設入居者生活介護及び地域密着型介護老人福祉施設入所者生活介護である。市町村は、要介護被保険者が指定

地域密着型サービス事業者から地域密着型サービスを受けたときは、地域密着型介護サービス費を支給する。指定地域密着型サービス事業者の指定は、地域密着型サービス事業者の申請により、地域密着型サービスの事業所ごとに市町村長が行い、当該指定をする市町村長がその長である市町村の介護保険の被保険者に対する地域密着型介護サービス費等の支給について、その効力を有する。

⑩　指定市町村事務受託法人

市町村は、要介護認定調査等の実施等の事務について、当該事務を適正に実施することができると認められるものとして都道府県知事が指定する指定市町村事務受託法人に委託することができる。また、その指定市町村事務受託法人の役員又は職員について、秘密保持義務等を規定した。

⑪　要介護認定及び要支援認定

要介護認定又は要支援認定の申請に関する手続を代行できるものについて、指定居宅介護支援事業者等であって厚生労働省令で定めるもの及び地域包括支援センターとした。要介護認定又は要支援認定における認定調査について、指定市町村事務受託法人に委託することができることとし、更新認定、区分変更認定等の場合は指定居宅介護支援事業者等であって厚生労働省令で定めるもの等に委託できる。

⑫　介護支援専門員

介護支援専門員の登録、介護支援専門員証の交付等について所要の規定を設けた。介護支援専門員について、秘密保持義務等を規定するとともに、介護支援専門員の名義貸しの禁止、登録の消除等を定めた。介護支援専門員の資格（5年）は更新制が導入された。更新時には都道府県知事が実施する研修を受けなければならない。標準担当件数の見直し等も行われた。

介護支援専門員の資格を有する者が更新をしない場合は、介護支援専門員ではなくなるが、再度必要な際に、研修を受けることによって復活することができる。

⑬　指定居宅サービス事業者等の指定等

指定居宅サービス事業者等の指定等について欠格要件を追加した。サービスの質の向上や悪質な事業者の排除を目的としている。指定の欠格事由に、申請者

の取消・役員の取消・犯罪等の履歴等を追加した。また、指定の取り消しがあったときは一定年数後でなければ指定しないこととなった。都道府県知事は、介護保険施設等の指定等をしようとするときは、関係市町村に対し意見を求めることとした。指定居宅サービス事業者等の指定等について更新制を設けた。市町村長は、指定居宅サービス事業者等に対し立入検査等を行うことができることとなった。指定居宅サービス事業者等に対する都道府県知事の勧告、命令等に係る権限を規定された。次に、指定の更新制の導入がある。事業者の指定に有効期間（6年）を設けた。基準に従って適正事業の運営をすることができないときは指定の更新を拒否することが可能となった。指定居宅サービス事業者等の指定等の取消しの要件も追加された。

　なお、都道府県・市町村は、事業者に対する業務改善勧告・業務改善命令・指定の効力の停止命令・当該処分の公表というような多段階の制裁権限を付与された。不適切な運営や法律違反の状況に応じて多段階的な制裁を可能とするといえる。

⑭　介護サービス情報の公表

　介護サービス事業者は、介護サービスの内容及び事業者又は施設の運営状況に関する情報であって厚生労働省令で定めるものを都道府県知事に報告しなければならないものとし、都道府県知事は、報告を受けた情報のうち厚生労働省令で定めるものについて、調査を行う。都道府県知事は、報告の内容及び調査の結果のうち厚生労働省令で定めるものを公表しなければならないものとし、これらの事務をその指定する者に行わせることができる。

⑮　地域支援事業・地域包括支援センター

（ⅰ）地域支援事業

　市町村は、被保険者が要介護状態等となることを予防するとともに、要介護状態等となった場合においても、可能な限り、地域において自立した日常生活を営むことができるよう支援するため、介護予防事業、包括的支援事業（介護予防マネジメント事業、総合相談・支援事業及び包括的・継続的マネジメント支援事業をいう。）その他の地域支援事業を行う。

　地域支援事業は、介護予防事業・包括的支援事業・その他（介護給付費適正

化事業、家族介護支援事業等）の3種類からなる。

地域支援事業は、当該市町村における介護予防事業の実施状況等を勘案して政令で定める額の範囲内で行うものとするとともに、市町村は、地域支援事業の利用者に利用料を請求することができる。市町村は、老人介護支援センターの設置者その他の厚生労働省令で定める者に対し、包括的支援事業の実施を委託することができる。市町村は、介護予防事業等の全部又は一部について、老人介護支援センターの設置者その他（医療法人、社会福祉法人等）の当該市町村が適当と認める者に対し、その実施を委託することができる。

　要支援・要介護になるおそれのある高齢者について、要支援・要介護状態にならないように介護予防を推進することを主たる目的としている。

(ⅱ) 地域包括支援センター

　地域における総合的な相談窓口機能、介護予防ケアマネジメント、包括的・継続的ケアマネジメントの支援を担う地域包括支援センターを創設した。地域包括支援センターは、包括的支援事業その他厚生労働省令で定める事業（例・介護予防事業の特定高齢者把握事業）を実施し、地域住民の心身の健康の保持及び生活の安定のために必要な援助を行うことにより、その保健医療の向上及び福祉の増進を包括的に支援することを目的とする施設とする。市町村及び市町村から包括的支援事業の実施の委託を受けた者は、地域包括支援センターを設置することができる。地域包括支援センターの職員等は、正当な理由なしに、その業務に関して知り得た秘密を漏らしてはならない。同センターは、要介護認定等の申請に関する手続きを代行できる。運営主体は、市町村、在宅介護支援センターの運営法人（社会福祉法人、医療法人等）、その他市町村が委託する法人で、保健師、主任介護支援専門員、社会福祉士等の職員体制により構成する。地域包括支援センターの運営・設置に関しては、地域包括支援センター運営協議会が関わる。

　介護予防の推進・権利擁護の確実な実施を図るとともに、在宅介護支援センターに比して公的関与を深めることによって公正な運営体制を図ることを期している。

⑯　介護保険事業計画に関する事項

（ⅰ）市町村介護保険事業計画

　市町村は、市町村介護保険事業計画において、当該市町村が定める日常生活圏域ごとの当該圏域における各年度の認知症対応型共同生活介護等に係る必要利用定員総数その他の介護給付等対象サービスの種類ごとの量の見込み、地域支援事業の量の見込みその他の事項を定める。市町村介護保険事業計画は、市町村老人福祉計画及び市町村老人保健計画と一体のものとして作成されなければならない。

（ⅱ）都道府県介護保険事業支援計画

　都道府県は、都道府県介護保険事業支援計画において、当該都道府県が定める区域ごとに当該区域における各年度の介護専用型特定施設入居者生活介護等に係る必要利用定員総数その他の介護給付等対象サービスの量の見込みその他の事項を定める。都道府県介護保険事業支援計画は、都道府県老人福祉計画及び都道府県老人保健計画と一体のものとして作成されなければならない。

⑰　費用等に関する事項

（ⅰ）地域支援事業に要する費用の負担

　国・都道府県は、市町村に対して地域支援事業に要する費用を交付する。介護予防事業・包括的支援事業等に分けて定められている。市町村は一般会計から介護予防事業・包括的支援事業等の費用を負担する。

（ⅱ）保険料の徴収方法

　特別徴収の対象として、特別徴収の対象として、遺族年金、障害年金等が追加された。特別徴収の対象となる被保険者に係る年金保険者から市町村への通知を2か月ごとに行うこととし、特別徴収の開始時期を複数回化した。6月1日から9月30日までの間に特別徴収の方法によって徴収される保険料額について、所得の状況その他の事情を勘案して市町村が定める額とすることができるものとする。市町村は、収入の確保及び第一号被保険者の便益の増進に寄与すると認める場合に限り、普通徴収の方法によって徴収する保険料の収納の事務を私人（コンビニエンスストア等）に委託することができる。

　被保険者の収入の把握や、保険料の納付方法の多様化を通じて、保険料の確実な収納を目指しているといえる。

⑱　検討

　改正法附則第2条第1項では、「政府は、介護保険制度の被保険者及び保険給付を受けられる者の範囲について、社会保障に関する制度全般についての一体的な見直しと併せて検討を行い、その結果に基づいて、平成21年度を目途として所要の措置を講ずるものとする。」と定めている。また、政府は、この法律の施行後3年を目途として、予防給付及び地域支援事業について、その実施状況等を勘案し、費用に対するその効果の程度等の観点から検討を行い、その結果に基づいて所要の措置を講ずることとされている。障害者自立支援法が施行されたが、区分・認定制度など介護保険制度に近い仕組みが用いられ、将来的な介護保険制度への統合や20歳以上の被保険者組み入れが視野に入れられていると考えるのが自然であろう。

参考文献
政府作成「介護保険法等の一部を改正する法律案要綱」2005年2月8日
厚生労働省作成「介護保険制度改革の概要 ― 介護保険法改正と介護報酬改定 ―」2005年
福祉士養成講座編集委員会編『社会保障論（第5版）』中央法規出版　2007年

第2章
研究者達の介護保険論評

　以下では、介護保険施行後の研究者達の介護保険に対する論評を記載している。なお、介護保険のなかにおいても様々な視点があり、また、一人の研究者がいくつかの視点から述べていることもあるなど、ここですべてを記載することはできないが、最近の耳にしたなかから介護保険の論点をまとめてみた。

1. 小倉襄二氏（牧方市福祉オンブズパーソン・同志社大学）

【介護保険サービスの権利擁護】
　小倉は介護保険をそのサービスと権利擁護から、具体的には福祉オンブズパーソンへの理解とその活用から次のように述べている。
　「介護サービスはかつての公的責任の強い『措置』から個別市民の自己責任による『契約』になり、民間支援事業者の参入、要介護者の契約と介護認定、介護計画についてのケアマネジャーとのやりとりなどでトラブルが増えてきた。」小倉は、まずオンブズパーソンを自治体レベル創出、拡充、そして活性化が、混迷を深めつつあるわが国の社会保障、とくに介護保険の諸サービス、高齢、障害、児童、貧困への行政対応にとって必須の措置と考えている。

（引用・参考文献　総合社会福祉研究所「福祉のひろば」 2001年1月号）

2. 石川満氏（日本福祉大学）

【介護保険と自治体の課題】

　石川は、最近の介護保険の厚生労働省の発表やマスコミの報道や論調が、おおむね順調に推移しているという報告に疑問を持ち、地域でさまざまな問題をかかえて生活している高齢者や障害者の立場から実施後の状況を検証した。

　要介護申請・認定状況を基に、実際での高齢者や障害者の生活を見ていると、どうしても重めに（特に施設において）調査結果や審査結果がシフトしたのではないかと思うとの見解を述べている。特に、入院ケースについては、訪問調査がされず、病院関係者などの聞き取りにより調査票を記入するということも行われ、正確な認定がされたかどうかに不安を感じる事例もある。また、予想より重度の判定結果が多いということは、それだけ社会資源の総量が多く必要となるということであり、介護保険財政は慢性的に財政不足となる傾向も生じることとなると危惧している。

　保険料・利用料などの低所得者対策として、各市町村で行われている軽減措置を、各市町村が高齢者の実態に合った対策での検討を求めている。

　また、今後財源をどのように確保するかが大きな問題であり、保険料値上げは困難だと思われているし、その場合市町村の一般財源を投入ぜざるを得ない。この意味において、介護保険財政は第2の国民健康保険会計となる危険性を孕んでいると強調している。

（引用・参考文献：全国老人福祉問題研究会「ゆたかなくらし」No.220　萌文社　2000年）

3. 井上英夫氏（金沢大学）

【介護保険認定の不服と権利擁護について】

　彼は、介護保険認定に不服や疑問がある場合には、「制度上の問題点を浮かび上がらせるために、泣き寝入りせずに審査請求して、国に制度の改善を求める力にしなければならない」と述べ、「全国的に要介護認定の判定結果に対して不

服を申し立てる審査請求の件数が少ないのは、利用者自身にまだ権利意識が成熟していないことと、利用者からの相談を最初に受ける各市町村のバックアップ体制も十分に整備されていないことが要因だ」と述べた。

　本来は不服の申し立てや審査請求は口頭でできるはずなのに、理由などを書面で提出しなければならず、手続きが複雑と感じて審査請求をあきらめている人も多いのではないかとの見解を立てている。介護保険制度では市町村は制度運営を担う保険者であり、利用者が認定結果に対する不服を訴える権利も当然、擁護しなければならなく、不服の内容を十分に聞き、申請手続きを積極的に支援することを唱えている。彼は、介護保険審査会が裁判のように白黒を付ける場所ではなく、もし、県介護保険審査会の議論の結果、市に認定審査やり直しの結論が下されても、介護認定審査会や市町村にとって決して恥ずかしいことではない。県と市町村が相互にチェックし合える仕組みが働いてこそ、透明性のある制度になると提言している。

（引用・参考文献：「北陸中日新聞」　2000年1月18日）

4. 岸田孝史氏（特別擁護老人ホーム「緑陽苑」）

　『日本の福祉　論点と課題』で岸田孝史氏は、介護保険制度について、公的責任の"解体"、福祉の市場化・営利化とそれに伴う低所得者の切り捨て、福祉労働者のリストラ、福祉労働の退廃等の問題点を指摘し、いまこそ原点に立ち戻り、「社会福祉とは何か」という本質問題について論議をするべきだと提起している。

（引用・参考文献：小川政亮・河合克義編著『日本の福祉　論点と課題』大月書店　2000年）

5. 木下秀雄氏（大阪市立大学法学部）

【介護保険法実施後の市町村の介護保障責任】

　木下は、介護保険により行政や市町村の職員が「介護保険になったから、行政としてはかかわることができないんです」とか、「介護保険になって『契約』で決まるのだから、市町村としては何もできません」というように、介護保険前なら一生懸命に相談に乗ってくれていたのに、急にこんなことを言い出して困っているとの住民の声をよく耳にすると問題を提起している。介護保険下での市町村の仕事は、さしあたり住民から保険料の徴収と事業者に対する介護報酬の支払いという介護保険財政の管理と、要介護認定申請に対する役割が中心となっている、このため、市町村の職員自身も、介護の問題については行政としてかかわることができなくなったと誤解しているところがあると問題を指摘している。

　そういったなか、介護保険実施後の市町村の介護保障に対する責任をどう考えるべきか検討している。そして彼は、まず第1に、「自治体が介護保険財政を維持管理するだけでなく、住民の『健康及び福祉を保持すること』そのものが市町村の責任である」と述べている。

　第2に、老人福祉法によって、市町村は「福祉の措置」をとる権限と責任を負っているということ。介護保険法導入の結果、「例えば特別養護老人ホームへの入所に関してやむを得ない事由により著しく困難であると認められるときに限定するという、対象を狭くする文言が付けられたため、介護保険実施後は老人福祉法の出番はなくなったとの誤解がある」と述べている。特に注意しなければならないのは、最終的に老人福祉法上の措置決定を行うかどうかは別にしてやむを得ない、著しく困難であると認められる事態になっているのかどうかの判定を行うためにも、先ず、市町村が、その高齢者の生活実態を把握し、必要な最低限度の援助を行わなければならないという点を指摘している。

　「老人福祉法10条の3では、次条及び第11条の措置その他の地域の実情に応じてきめ細かな措置の積極的な実施に努めなければならない」とされている。そうすると、「老人福祉法第11条等の『措置』決定にいたる以前の段階でのき

め細かい援助を行うことは、市町村の責任である」と述べている。

　そして今後の課題として市町村の介護保障責任も、例えば、市町村高齢者窓口に相談に行ったにもかかわらず、介護事業者の一覧表を一枚渡されただけで帰され、結果的に介護サービスを受けないで重度化したような場合に、その市町村を相手に国家賠償訴訟法を提起する等の法的手段も考える必要があると提言している。

（引用・参考文献：全国老人福祉問題研究会「ゆたかなくらし」No.224　萌文社　2000年）

6. 伊藤周平氏（九州大学大学院）

　伊藤は、介護保険制度についてさまざまな視点から研究を行っているが、最近の研究（ゆたかな暮らし2001年度版）では、介護保険制度の代替として次のような案を提言している。

　財政方式の面では社会保険方式から公費（税）方式への転換が不可欠であるということ、これは介護保険制度そのものを廃止することを意味している。彼は社会福祉を社会保険方式という形で行うこと自体に大きな問題であると考え、社会保障制度は社会保険方式と公費方式との組合せを基本としているが、少なくとも介護保障を含む生活保護制度としての社会福祉は、保険の画一的な給付になじまず、公費方式で行う方が普遍的で、公平なサービスが提供できると考えている。また、「介護保険制度の導入で、福祉現場の事務量は従来の何倍にも膨らみ、それに見合った職員配置が財政事情で十分なされていないため、施設職員やケアマネジャーが事務作業に忙殺され、本来の業務である相談業務やサービスの提供に支障をきたしている現状で本末転倒である」と述べている。

　また、次の問題として財源についてあげているが、「公費方式の財源をこれまでの措置制度のように一般の財源に求めるのか、それとも福祉目的に限定した目的税にするかについて、介護保険制度は、実態は保険に名をかりた目的税で、介護報酬の引き上げやサービスの拡充が保険料の引き上げに連動し、国民の側が福祉の拡充か負担増かの2者択一を迫られる構造となっている」と述べてい

る。そして、「介護保険料の負担は、少なくとも高齢者に関しては、消費税以上に逆進性が強く、消費税や定額保険料のような逆進性の強い財源での目的税化は、社会保障のもつ所得再配分の機能を減殺し、公平性の観点から問題があるばかりでなく、将来的に社会保障の拡充が困難になりやすい」と述べている。

　いずれにせよ彼は、高齢者福祉の主要な財源は、これまで通り直接税を中心とした一般財源に求めるべきであるとしている。

（引用・参考文献：全国老人福祉問題研究会「ゆたかなくらし」No.227、228　萌文社　2001年）

　以下の論者については、介護保険推進に対して程度の差はあるものの賛成の部類に属していると考えている。

7．羽毛田信吾氏（厚生労働省老人保健福祉局）

　羽毛田は、介護保険制度と高齢者福祉像について次のように述べている。「介護保険は、福祉・保健・医療を再編成し一体化した介護サービスの仕組みを利用者本位の形でつくるのである。また、従来の福祉の世界における高齢者像は、弱者であり、これを今日まで引きずってきたのが『措置制度』である。ところが介護保険制度になった意味は、国民誰もが受けるリスクとして介護問題をとらえるとともに、高齢者自身を一方的に庇護する対象としてとらえるのではなく、自ら制度の担い手として参加していただくということである。つまり『自立した高齢者像』というものを前提に制度を組み立てたものである。そして、これは介護問題のみならず、今後の高齢者福祉や社会保障全体の方向を考えるうえで重要な一歩を踏み出したものと言える」と述べている。

（引用・参考文献：「月間福祉98」平成10年3月号）

8. 京極高宣氏 (日本社会事業大学)

　京極は、介護保険の社会福祉的な意義について次のように述べている。「介護保険は、従来の社会福祉に対して、理念とサービスの質と提供システムの3面において画期的な変革をもたらしていると主張し、まず第1の理念においては、福祉サービスの利用者を弱者救済という考え方ではなく、年金生活による自立した高齢者を支援するという考え方へ転換していること。第2にサービスの質においては、いわゆる狭義の福祉サービスの枠にとどまらず、保健・医療・福祉の真の連携を実現する総合的ケアをもたらすこと。第3に、提供システムにおいては、従来の社会福祉措置制度のように市町村の行政処分という形ではなく、利用者は被保険者として保険証1枚あれば、気軽にどこでもいつでもサービスを受けられることの3つの内容を介護保険制度の意義である」と述べている。

(引用・参考文献:「月間福祉98」平成10年3月号)

9. 栃本一三郎氏 (上智大学)

　栃本は、『社会福祉研究』の「介護保険」現場からの検証のなかで、介護保険制度についての結論を、ある意味では既に成功したといえると述べている。「介護保険により、旧来の仕組みを打破し、新たな課題に対して取り組んでいる人々の姿とともに、新しい様々な動きを見ることができる」と主張している。また、彼は介護保険制度の創設の衝撃力、影響力という意味で、「わが国の既存の制度や関係者をはじめ、国民の意識をシャッフルしつつあり、その意味ですでに成功した」と述べている。ただし、「介護保険制度の制度的側面ということでは解決すべき問題の多く、評価も様々であろう」とも論じている。そして、介護保険制度移行にともなう諸問題をすべて論じることは不可能ということで具体的に提起を行ってはいないが、今後それらの問題を具体的にあげて解決していくことが重要な課題であると説いている。

(引用・参考文献:財団法人鉄道弘済会「社会福祉研究」第79　2000年10月)

10. 根本博司氏（武蔵野女子大学）

　根本は、現在までの段階で要介護認定、居宅介護サービス計画、介護報酬請求ほかの事務がやっと軌道に乗ってきたばかりである介護保険制度施行後4カ月の段階において介護保険を論じるのは時期尚早であると念を押したうえで、介護保険制度発足後の問題と今後の課題について次のように論じている。「まず制度の意図として、老後最大の不安定要因たる介護を社会全体で支えるためにつくられた、給付と負担の関係が明確な社会保険方式の仕組みで、利用者の選択により多様なサービス提供者から保健・医療・福祉サービスが総合的に受けられることを意図したものである」と述べている。また問題点として、「これは基本的には社会保障構造改革のための財政政策として採用された制度であろう」と述べ、「これが真の介護保障になりうるかどうかは疑問であり、当初から、実施後生じる問題に対して修正を重ねる必要性が予測された」とも述べている。そして介護保険制度の実態を調査したなかから、この制度の導入により、良くなった面がないわけではないが、この制度から取り残される人々、この制度のために生じる問題、以前からあってこの制度では扱われない問題等々の多くの問題があることに気づいたと結論づけている。

　　　　　　（引用・参考文献：財団法人鉄道弘済会「社会福祉研究」第79　2000年10月）

11. 岡本裕三氏（神戸市看護大学）

　岡本は、「介護保険によって行政サービスはどう変わるのか。」というテーマを品川区高齢者部長の新美との対談から次のように述べている。「まず、日本の経済を取り上げ、日本の経済は、危機的状態で混乱の中でこそ、みんないや応なしに考えざるを得なくなっている。そして介護保険はそういう状態に引っ張り込める仕掛けの1つである」と論じている。
　つまり、「改革しなければいけないと考えても内部からの改革はとても難しい。なぜなら職員の状況もあるし、組合もある。そこで介護保険という黒船を

利用して開国していくという意義がある」と論じている。

(引用・参考文献:「訪問看護と介護」VOL.12 No.12 医学書院 1998)

12. 坪山孝氏 (桃山学院大学)

　坪山は、『介護保険で何がどう変わったか』というテーマから次のように述べている。「介護保険制度の滑り出しは静かであった。混乱や苦情があふれて現場が対応に困り果てたということもなかった。まずまず静かなスタートを切れたことを喜びたいと思うが、介護保険サービスのなかでじわじわと変化が起こり始めている」と。

　また、彼は介護保険制度に移行して、「利用者もサービス提供者もこれまでとは異なる経験を重ねている。制度の変化によって利用者もサービス提供者も意識が変化するのは当然であり、同時にサービスに関しても変わらずをえないが、サービス提供の職員は、制度の変化に意識が追いつかないことを実感している」との見解も述べている。さらに彼は、介護保険制度は利用者本位で自立支援を理念として設計されたが、制度が複雑でこれを理解することは高齢者にはなかなか難しい。そのために介護支援専門員という医療・保険・福祉を横断する新しい専門職が誕生し、彼らにアクセスすればサービスの説明が受けられ、課題分析によって適切なサービス利用が可能となるとされたが、説明してもなかなか理解してもらえないとの一つの大きな課題を投げかけている。

(引用・参考文献:「訪問看護と介護」VOL.5 No.9 医学書院 2000)

13. 松田鈴夫氏 (国際医療福祉大学)

　松田は、介護保険制度施行1年を振り返り次のように述べている。「この1年を通して利用者の苦情やクレームも予想の範囲で収まっている。自立支援を満たすサービスとしては、おおむね確保され順調な滑りだしといえるのではない

か」と述べている。

　また、介護保険の効果が「家族関係のきずなを強くする方向に向かって作用しているのでは」、さらに「介護保険は、雇用や消費の面で地域経済の活性化に寄与し始めているという反響も耳にする」と述べ、介護保険が地域経済の下支えに役立っているのではとの見解をとっている。

（引用・参考文献：「月間福祉2001」平成13年4月号）

14. 山崎敏氏（上智社会福祉専門学校）・斉藤弥生氏（大阪大学大学院）

　介護保険がもたらした1年として山崎は、斉藤との対談において次のように述べている。「この1年を振り返ってみると、介護保険制度は、従来、社会福祉が抱えていたいろいろな問題をあぶり出すうえでも非常に有効であり、画期的な役割を果たしたと思う」と述べ、これに対し斉藤は「私は一番大きく変わったのは、利用者と利用者を支えるご家族の介護サービスへの反応だと思う。措置制度の頃には、家族の利用者の"福祉のお世話になっている"という考え方が強く、例えば事故やトラブルがあったり、サービスに対する要望があっても、それを口には出しにくかった。しかし、いろいろな自治体で話を聞くと、介護保険以後、家族や利用者の声がどんどん出てきている。逆にケアマネジャーはその対応で大変という話も聞くほどである。利用者あるいはご家族の方にとって、本人にあった介護サービスや自立生活を一緒に考えてくれるケアマネジャーという新しい専門職が加わったことはとても大きな変化である」と介護保険施行の1年後の見解を述べている。

（引用・参考文献：「月間福祉2001」平成13年4月号）

第3章
旧新進党・公明党の介護保険の政策論点

　旧新進党・公明党の介護保険の対策論点を、時系列に調査分析した。内容は以下のとおりである。

1996年8月6日　　新進党小沢党首に申入れ書を提出。
　　　　　　　　（介護保険のみの要旨）
　　　　　　　　①税方式でなく、社会保険方式を検討すること。
　　　　　　　　②少子化と高齢化を一体化した政策にすること。
11月20日　　公明、在宅介護全国実態調査結果を発表。
　　　　　　　介護費用に対し国民の7割が「重い負担」と回答。
11月20日　　新しい高齢者介護システムに関する要望書を発表。
　　　　　　　①市町村に財政支援をする。
　　　　　　　②保険料の未納を市町村の一般会計から繰り入れで行わないよう、国費等による補填をするしくみをつくる。
　　　　　　　③介護給付額、保険料水準で市町村において過大な格差が生じないようにすること。（大都市の人権費の適切な加算をする）
　　　　　　　④自己負担の減免をする。
　　　　　　　⑤「ホームヘルプサービス」「ディサービス」「訪問看護」「ショートスティ」の利用が多いので、制度スタートまで完全に整備をすること。
　　　　　　　⑥自己負担の上限額、食事費の負担分を勘案し高額療養費と同程度か以下にする。

⑦政省令委任事項はできるだけ削減する。

⑧官業癒着の防止策、各種のチェック機能を具体的に組み込む。

1996年2月　旧新進党のめざす高齢者介護保障制度を発表。

　　基本的考え方①「高齢者介護保障制度は、単なる援助救済ではなく人としての尊厳をもって生きることができるように自立支援するものであり、適切なサービスが選択できるように自立支援するものであり、適切なサービスが選択できる制度でければならない。高齢者のニーズに最も適応した医療介護体制の確立する」②「高齢者の介護保障制度の問題点と医療保険制度改革を一体的に取り組む。ADLを与える介護支援サービスは、どこにでもいつでも誰でも等しく受けることのできる体制の整備をめざす。」③「予防的リハビリテーションに重点をおいた施策の展開がなされる介護保険制度にする。」④「高齢者介護に要する費用の調達は、社会保険方式より公費で負担するほうが負担の公平性、サービスの普遍性、権利性の確保、事務負担の軽減などが優れている。誰もが生きがいをもって自的生活を送っていくためには、連帯性に富む参加型の地域社会の実現が前提で、地方分権により強力に推進する。⑤「介護保障体制を整備、運営し、関連する情報を広く公開する。」⑥「NPOや非営利団体、民間企業の参加を求める。」

公費負担方式の利点と社会保険方式の問題点を発表。
〈公費負担方式の利点〉
①現行の措置制度を廃止。権利性、選択性をもたせながら介護支援サービスを普遍サービスとして提供する。
②無保険者問題や「保険料あってサービスなし」という状況は生まれない。

③事務負担が社会保険方式に比較してはるかに少ない。
④公費負担方式が財源調達について公平な負担となる。
⑤介護給付特別会計を設け、財源を明確にすることで負担と給付の関係が明確になる。
⑥高齢者医療、年金などの他の社会保障制度との総合的な調整が行いやすい。

〈社会保険方式の問題点〉
①「排除の論理」が働くため要介護者の権利性、選択性は必ずしも保障されていない。
②保険料を負担することで給付を権利として受けることができるといってもサービス供給水準が低ければ「保険あってサービスなし」となり、権利性も選択性もない。
③第2の国民健康保険になる。
④40歳から64歳の第2被保険者は、被保険者でありながら一定の場合しか給付が受けられず、負担と給付という保険本来の関係になく保険方式とは言えない。
⑤介護保険料の負担が事実上逆進性が高いので将来的に中低所得高齢者に負担が重くなる恐れがある。
⑥負担と給付の対応関係が明確。負担に対応する国民の理解を得やすいというが、社会保険方式は年金、医療で破綻している。
⑦保険料という強制的な費用である。

〈高齢者介護保障制度の概要〉
①高齢者はケアマネージメントの専門家と相談し、市町村の介護認定審査会に申請する。
②介護認定審査会は、介護の必要度の判定を行う。
③要介護認定をされたものは、その要介護度に応じて市町村

から介護給付を受ける。
④要介護者は給付された点数をもって、介護サービスを選択し購入することになるが最も適切な介護サービスを受けるため必要があれば事前にケアアドバイザーと相談し、ケアプランを作成する。
⑤要介護者の多様なニーズに適応し、適切な介護支援が行われるためには、幅広い介護サービスの供給を実現しなければならない。そのため、市町村は地域介護計画を作成し、地域の実態を把握する。それに基づいて介護供給体制の整備を進める。その際、国・都道府県は応分の支援を行う。
⑥在宅介護サービス供給主体。施設介護サービス供給主体は、要介護者から受け取った点数を集計し、それと引換に市町村から支払いを受ける。

〈介護給付サービスのメニュー〉
①（在宅介護サービス）ホームヘルプ・ディサービス・リハビリ・ショートステイ・訪問看護・福祉用具・痴呆性老人向けグループホーム・住宅改修サービス・訪問入浴サービス・医学的管理サービス・有料老人ホーム・配食サービス・外出介助サービス・ケアマネージメントサービス。
②（施設サービス）特養・老人保健施設・療養型病床群・老人性痴呆疾患療養病棟・その他介護体制の整った医療施設。
　　地域介護計画の策定と介護サービス供給体制。2010年スーパーゴールドプランを新たに策定。
（参考）地域介護計画策定の留意点
①住民参加型の手作りの計画であること。
②既存施設の活用を積極的に図る。
③介護サービス供給体制に民間団体ないし民間企業の積極的な参加を求める。

旧新進党のめざす「高齢者介護保障制度」の特徴。
新進党介護問題プロジェクト
①いつでもだれでもどこでも利用できる制度。
②きめの細かいケア体制の確立。
③利用券方式の導入で利用者の選択が可能。
④地域の独自性を生かす。
⑤介護費用の安定的確保と急激な費用負担の増大を抑制。

1997年10月24日 参院平成会の介護保障法案の要綱を発表。
①市町村を運営主体とし、国が消費税の一部を市町村に交付する全額公費負担とする。
②要介護者の対象者は65歳以上（制度実施後3年をメドに65歳未満の人も含めるよう見直しを行う。）で利用者負担はなし。
③サービス選択の幅を広げるため、市町村が介護の必要度に応じて点数を与える介護利用券制度を導入する。（バウチャー制度）
④サービスの内容は政府案に加え、配食、外出介助サービスを追加する。参院議員の牛嶋氏は、税方式よりも準備期間が短くてすむと指摘。また、遅れている介護サービスの供給体制を少しでも整えることが重要な問題であるとし、全額公費負担とすることで市町村が体制の整備へ力をつき込めることができる」と語った。

10月28日 参院厚生委員会で平成会の浜四津敏子氏・渡辺孝男氏・山本保氏が介護保険法案の問題をただす。
浜四津敏子氏「要介護認定の厚生省令で定める認定の有効期間はどのくらいか。」江利川審議官「3から6カ月を考えている。」浜四津敏子氏「高齢者の気力、体力症状が短期日に急変することがあり、想定している期間は長すぎる。あまりにも機械的だ。要介護の程度が重度化すれば給付額が高くなる

が、政府案では要介護度を軽くしようとする動機が働かないとして、リハビリや自分の努力をして介護度が低くなった場合にはそれを評価するシステムが必要である。」渡辺孝男氏「老人保健福祉計画を策定している自治体のうち4分の3が計画の完全達成を困難視している。」「介護基盤の未整備が各自治体で不安視しており、保険あって介護サービスなしの懸念がある。」羽毛田老人保健福祉局長「サービス基盤の支援策として、既存施設の活用などの考え方でバックアップしたい。」山本保氏「国民に負担をお願いするからには、介護費用の積算根拠を明確にすべきだ。」

しかし、厚生省が具体的な積算根拠を示すことができなかった。

1997年8月7日　浜四津参院議員が公明新聞において、介護保険の問題点をただす。

96年秋の臨時国会に政府が介護保険法案を提出。通常国会で衆院において、介護保険法案が通過。参院で継続審議になり、この年の秋の臨時国会で介護保険が焦点となる。

①低所得に重負担となる。
②税方式が優れている。
③利用者の選択を認める仕組みを盛り込む。
④要介護認定のしくみが不透明である。
⑤2000年において、サービス供給量が足らない。また、行政側に要介護認定でサービス供給を絞り込む思惑が働く恐れがある。
⑥統一基準を作成する必要がある。(更新手続き、要介護状態の急変に素早く対応できるしくみを作る必要がある。)
⑦国、都道府県が費用の一定割合を支援するしくみといっても、その基準となる費用の計算方法が、これまでの実勢価格を下回る基準では十分な支援とは言えない。

⑧第2号被保険者の一部だけを対象とするのは問題がある。措置がだめだから、社会保険にするのに、若年層の措置は政府の方針と矛盾している。

⑨低所得層にとっては、重い負担である。

⑩行政の裁量範囲が非常に多い。法案を読むだけでは制度の全体像が見えない。

⑪自治体の先行サービスを切り捨てている。(配食サービスの単独事業)

1997年11月29日　参院平成会の介護保険アンケートを発表。

「保険あって介護なし」市町村の9割超が認める。(1498市町村)早期成立を望まず、自治体は政府案に危惧。アンケートの結果は「第2の国保になる」24.2％「保険あって介護なし」91.3％であった。

12月3日　1998年予算に対する公明の要望を発表。

①介護保険制度の創設によるサービスの市町村格差を生じさせないために介護の基盤整備を急ぐこと。特に、人材確保にあたって処遇の改善や技術習得面で特段の配慮を行うこと。

②寝たきりの高齢者を介護している家族を支援するために「高齢者介護減税」を導入すること。

1998年2月26日　常任幹事会　新福祉トータルプラン作成委員会を設置することを決定。

4月6日　参院予算委員会において参院平成会の風間、高野両議員の質問で介護保険に対する「民活活力の導入」「ホームヘルパー採用に関し母子家庭である母親の特別枠」を設けるように内閣に要請した。

6月5日　公明「介護保険制度の安定運営に関する提言」を発表。

①2000年にまでに、介護基盤整備計画を策定する。特養などの拠点施設を全市町村に整備する。ホームヘルパー60万人、在宅介護支援センター、3万カ所を整備する。

②高齢者在宅生活支援事業を整備する。配食サービス、移送サービス、寝具乾燥、消毒サービスが主な事業。
③介護基盤整備とともに、エンゼルプラン、障害者プランを含めての福祉の基盤整備を推進するために新たな「福祉基盤整備法」を制定する。
④要介護認定、ケアプラン作成時における支援をする。特に、第27条の見直しを行い、被保険者、家族が訪問調査の結果について説明を求めることを認める。
⑤低所得に対する負担を軽減する。
⑥市町村によるサービス指定の見直しをする。
⑦若年障害者対策、加齢、疾病条項の削除については制度見直しの際の検討項目とすべきである。
⑧現金給付の実施。
⑨苦情処理体制の実施。
⑩十分な広報活動の展開。
⑪適切な介護報酬の設定。
⑫地域性を配慮した加算制度を設ける。
⑬成功報酬を導入する。

1998年6月8日　介護保険制度見直しについて厚生大臣に強く申入れを行う。
①介護基盤整備について、国の責任において区市町村を支援すること。必要十分なサービスを提供するため、新ゴールドプランの目標値を上回る基盤の緊急整備に取り組む。
②制度実施に伴う自治体の必要な経費は、明確な形で財政措置を行う。その財源は、現行の消費税をあてるのが適当である。
③大都市の実情を配慮した介護サービス水準を確保する。自治体の施設水準を落とさない。
④低所得者など社会的に弱い立場の人に対し、特別な配慮をする。（約11万人の署名を添え、制度の抜本的改革を要求し

	た。)
1998年6月25日	福祉の規制緩和、法人の要件1000万以下になるように厚生大臣に強く申入れを行う。
7月27日	問題山積の介護保険制度、早期に見直しを公明に政令都市代表が要望する。
8月3日	公明・新党平和による基本政策委員会で介護保険対策本部を設置することで合意する。
8月25日	公明と新党平和合同の「介護保険対策本部」を正式に設置する。介護保険見直しのため全国的な視察、調査活動を開始する。
9月8日	「介護対策本部」制度見直しで協議。ホームヘルパーの定額方式から事業費方式の問題等について討議が行われる。
10月13日	大分、新潟で介護保険の実態調査をする。
10月30日	「介護対策本部」が大分で特養等の現場を調査。介護保険導入に不安の声が浮き彫りになる。
12月12日	公明党介護対策本部 熊本でシンポを開催。不安と要望相次ぐ。
1999年2月16日	介護保険安定運営確保の提言を発表する。

今後の政省令の検討、確定を視野に入れながら安心できる制度確立への具体策12項目を提言。

①後期高齢者比率や第1号被保険者の所得水準による格差是正への十分な財政調整は当然である。市町村の裁量外にある病床数確保による保険料アップは、別途に財源を確保の上、特別調整を行うべきである。

　第1号被保険者のうち、住民税非課税者76.1%ある。このことは、法定外の市町村負担が考えられる。実態に応じて財政支援をするべきである。

②要介護認定は、制度の根幹であり、被保険者の納得が得られるよう公正、公平にすべきである。

③特に、市町村や介護支援専門員らの現場の意見を十分把握し、認定基準と判定システムの改善を早急に行うべきである。

④適切な介護報酬の設定をすべきである。居宅サービスの場合、現行の措置費水準を越えることが予想されるため、必要な経費を積み上げる。

⑤特養ホームの現行の直接処遇職員の最低基準を見直す。定員50名でも経営が成り立つものとする。

⑥離島や山間地域、豪雪地帯の加算など地域の特性に見合った設定をする。

⑦自立、要支援の対策は急務である。98年より、高齢者在宅生活支援事業が実施されているが、市町村のニーズを十分調査し、必要な予算額を確保すべきである。

1999年2月17日　厚生大臣に介護保険制度の安定運営確保に関する申入れ書を行う。

　　　7月24日　第2回公明党臨時全国大会を開催。活力と生活大国基本政策「21世紀日本の改革プラン」を発表。

①介護保険制度の当面の円滑な実施制度発足時の保険料負担の軽減をはかり、制度移行に伴う施設介護サービス給付の経過的措置に対応するため、当面は在宅サービスに対応した保険料の徴収に止め、施設介護の対応する財源については、公費を主体とする負担でこれを実施する。

②民間NPOによるサービス提供への適切な転換やバウチャーの活用、競争原理の導入などにより、より効率的な運営を実施する。社会福祉法人の見直し、規制緩和により小規模な福祉施設、福祉事業の活用を積極的に進める。

③障害者に対する一元的な介護サービスを提供する。

④老人保健制度より、後期高齢者を分離し、租税を主たる財源として介護の適切な連携の下に給付を行う制度を創設する。

⑤国民負担率を50％以下にする。公平、中立、簡素な税制の実現。所得、消費、資産課税についてバランスのとれた税体系を構築する。

⑥消費税の抜本的改革。消費税の福祉目的化。地方消費税の拡大　3：2　総合課税の推進。

⑦社会保障会計の独立。

1999年9月3日　自民党、公明党の政策協議で基本合意。

①国民負担率50％以内の目標、年金給付水準は現役世代の60％。

②基礎年金の国庫負担2分の1に引き上げ。

③介護保険制度については、低所得者の負担軽減などで財政支援を含めた協議を9月中にまとめる。

9月12日　自民、自由、公明の政策協議スタート。

9月28日　自民党、自由党、公明党の政策責任者会議を開催する。

　　介護保険においては、高齢者の負担の緩和を検討する。2005年をめどに基礎年金、介護、75歳以上の後期高齢者医療を包括して総合的に整備し、財源はおおむね2分の1を公費負担として、消費税のあり方を検討する。法整備の時期は、自由、公明は早期整備を主張。自民党は時間がかかると難色を示す。高齢者の負担の緩和は10月中にまとめる。

10月4日　3党の連立政権の合意書を発表。

　　2005年まで年金、介護、後期高齢者医療を包括した総合的な枠組みを構築する。それに必要な財源のおおむね2分の1を公費にする。つまり、消費税を福祉目的税化する。介護は10月中に検討をする。

11月5日　介護保険の円滑な実施のための特別対策を政府が公式に発表。

①65歳以上の高齢者の保険料負担を半年間は徴収しない。その後1年間は半額にする。

②第2号被保険者の場合は、財政事情が悪化している健康保

　　　　　　　　険組合に対し1年間財政支援をする。
　　　　　　③要介護4、5と認定された高齢者を、介護サービスを利用せずに介護していた低所得者には、2001年から当面2年間年10万円まで支給する。オムツの支給なども年10万円を支給する。(これらは、市町村が実施した場合に、国が助成)
　　　　　　④これまでホームヘルプサービスを利用していた低所得者の高齢者は、利用負担を当面3年間は3％に。その後段階的に引き上げて、2005年から10％にする。

1999年11月7日　公明新聞で介護保険の「バウチャー制度」等の導入を主張。
　　　　　　クーポン券を要介護者に配り、そのクーポン券をショートスティやディサービス、オムツ代、ベッド代など介護用品のリース代に自由に使ってもらうというものである。また、若年層をこの保険に組み込む。また、在宅は保険で賄う。施設は税で賄う。国の負担も25％から30％に引き上げる。スーパーゴールドプランを策定し、基盤整備を進め、マンパワー養成、介護基盤の整備は国の責任で行う。生きがい健康づくりで元気なお年寄りを支援する。
　　　　　　坂口政策審議会長のコメント「あくまでも、家族が中心で介護をし、その手助けをするだけの介護制度である。」

　11月13日　党介護対策本部　介護保険制度の見直しを受け円滑実施へ対応を協議する。

　11月15日　社会保障の総合ビジョン策定を政府に要望。
　　　　　　厚生大臣のもとで、医療、介護、少子化対策をトータルに議論すべきである。政策立案できる場を設定し、それに対して与党各党も発言の機会が得られるように求めた。

2000年1月25日　与党政策責任者会議において社会保障プロジェクトチーム設置で合意。
　　　　　　年金、医療、介護、少子化など総合的に制度を検討へ。私的諮問機関である社会保障構造のあり方について考える有識

者会議が1月18日からスタートすることが決定。

介護保険制度において、厚生省から医療と介護の両保険料を合わせた上限を改め、上限は医療保険のみ適用し、介護保険料は別枠とするとした健康保険法改正案の説明を受けた。会議では「そんな話は、聞いていない。上限枠を増やすことになる大変な話だ。」と異論が続出。「医療と介護の関係について改めて議論すべきだ。」と意見が出された。

2000年2月7日　衆院予算委員会　桝屋敬悟氏の質問。

自立と判断された認定漏れの高齢者対策がきわめて重要である。400億円の介護予防、生活支援事業費「ディサービスは別枠で事業化してほしい」などの声を紹介。その上で認定漏れの高齢者が混乱なく納得して新制度で移行できるよう、中央があまり細かいことを言わず、現場の主体性に任すべきだとして保険者である市町村の自主性を尊重すべきだと主張した。

2月15日　与党に社会保障プロジェクトチームが発足。

3月1日　桝屋敬悟氏　全国脊髄損傷者連合会の代表と政策研究会を開く。介護保険制度の課題を探る。

3月29日　党介護問題対策本部　現場の要望、課題など集約へ。
介護保険施行後の対応協議。
①介護問題110番を設置し、現場の要望や問題点の指摘などを地方議員に集約してはどうか。
②制度実施後に現場の意見を徴収するために、いくつかの自治体を訪問しヒヤリングを行う。
③集約した意見、問題点を踏まえ介護保険制度の見直しについて提言をまとめる。

3月30日　公明党中央幹事会で決定。各県本部に「介護110番」を設置。保険制度の施行に伴い、相談、問い合わせに対応。

3月31日　坂口政策審議会長談話。「円滑な介護保険の運用を期待。改善すべきところがあれば思い切って改善することが必要である。」

2000年4月12日　党介護対策本部　関係団体と意見交換。介護保険施行後の課題を聞く。公明党は改善に向けて提言へ。(全国老人福祉施設協議会と全国ディサービスセンター協議会の代表から要望を聞く。

具体的な問題点
①利用者負担の利用料や旧措置入所者の取扱いなど重要事項通達の遅れに伴う混乱。
②給付管理やケアプラン介護報酬請求等の事務料の増大。
③社会福祉法人会計基準の見直し。
④痴呆症状の人の認定が低くなりがちな要介護認定─などを挙げ改善を求めた。

4月17日　党愛媛中予支部は県知事に署名簿を提出。「介護保険制度の充実を」
①「5年後メド見直し」について、国に働きかける。
②中立的な第三者の評価機関の設置する。
③自立判定された人の救済措置をとる。

5月16日　党が介護基盤前倒しで整備を提言。

痴呆要介護認定の見直しが必要。リバースモゲージ制度の創設も与党協議で実現を図る。
①施設、在宅介護の基盤整備を図る。
②利用者負担の軽減（24項目）公共事業予備費を活用し、介護基盤整備を前倒しで進める。在宅の区分支給限度額は、利用者に応じたサービスの組合せの弾力的な対応を求める。ディサービス不足は空き教室、空きオフィスを活用する。一次判定を実態調査のデーターを基に見直す。負担の軽減策は、政府の特別対策3％〜5％の軽減策を講じる。介護事業者の指定を受けたNPO法人の課税は、社会福祉法人と同じ扱いをすべきである。高齢者生活福祉センターの整備（特養退去者のため）。短期入所の振替措置は、現行の償還

払い方式について見直しを行う。区分支給額は、利用者の希望、必要に応じて弾力運用をする。短期入所と訪問通所の枠を一本化する。ショートスティ制度の償還払い方式を見直す。事業者の訪問調査の委託は、自治体の職員による調査を原則とし、やむをえない場合チェック体制を整備する。各事業者のサービス評価のシステム、情報提供のシステムについて早急に検討を進め、その体制の整備をはかる。福祉情報ネットワークの整備をすべての自治体に進める。特養の入所は、入居順位の公平性の確保について適切な指導を行う。保険料は、低所得対策として介護保険制度の見直しをメドに検討を進めるべきである。過疎地域の民間事業者に対する税制上の優遇措置についても検討をする。介護にかかわる利用料の控除は、特養ホームに関しても医療費控除の枠にとらわれず対応をはかるべきである。平成12年の全国3カ所ある高齢者痴呆介護専門研究センターを研修施設として、痴呆の介護の技術を広く高める観点から公共事業予備費を活用し、早急に拡充する。要介護認定漏れ対策は現在約300億円であるが、生きがい予防事業の実施状況を把握し、今後の国の対応についてその方向性を早急に示す。成年後見制度、地域福祉権利擁護事業の実施状況について把握し、地域における実行性ある体制の充実を早急にはかる。オンブズマン制度のモデルを整備する。バリアフリー住宅を拡充し、高齢者向けの賃貸住宅を整備する。地域公共交通システムを積極的に創設する。バリアフリー法に基づくバリアフリーのまちづくりを積極的に推進する。

2000年6月28日　介護オンブズマンを54市町村で実施、トラブルを未然に防止する。介護相談制度（広域連合含む）154市町村で実施。

7月31日　トラブル防止とサービスの質向上と介護オンブズマン制度の活用をうたう。（厚生省が連絡協議会開催）

2000年9月13日　関係者から介護保険料を全額免除すべきでないという意見を自治体関係者与党プロジェクプトが聞く。制度の運営上の問題点を指摘する。

　　　9月21日　低所得者の保険料軽減をめざすべきであると与党の介護プロジェクプトが問題提起。ゴールドプラン21世紀の前倒しなど公明が改善提示。

　　　　　　　　ゴールドプランの前倒し実施が必要。自立と認定された高齢者のために住の受け皿が必要。高齢者生活福祉センター、介護予防拠点の整備促進を主張。家事援助は必要とした上で家事援助の内容を明確化。身体介護の利用促進を検討する必要性を指摘。ケアマネージャーの機能強化をはかる支援策、介護相談派遣事業を推進。低所得者の保険料軽減、所得に応じたきめ細かな対応の必要性を主張。社会福祉法人の利用減免措置の周知徹底。短期入所と訪問通所の支給限度額の1本化、遺族年金、障害者年金の特別徴収の見直しをあげる。

　　　7月27日　党介護対策本部制度改善へ現場の声を、支援センター長と意見交換。「ケアマネージャー事業者と意見交換」ケアマネージャーへの適切な評価と介護報酬が必要。「利用料の負担からサービス利用を控える人も出ている。」「現在の家事援助の単価では必要利益率ができていない。」「ヘルパーなど人材の早期育成を。」の意見が続出。

　　　8月3日　介護保険、現場の視点で改善を進めよと衆院予算委員会桝屋氏が質問。課題に真摯に対応すると福島総括政務次官答弁。

　　　8月25日　介護保険のサービス改善の道を探ることを浜四津代行と都議、事業者と懇談。ヘルパー派遣事業「家事援助で大掃除や草むしりの要求を断れない」「給付、請求事務が繁雑」「ケアマネージャーの待遇改善、単価の引き上げ」の意見続出。

　　　8月31日　与党介護保険プロジェクプトチームが初会合し、公明から桝屋氏が出席。同氏は、低所得対策、施設入所者の処遇につい

て点検が必要と述べ、介護予防生活支援事業の拡充を主張。

2000年9月8日　介護保険制度に関する第三次政策提言。通所介護と短期入所介護の区分支給額の一本化。高齢者生活福祉センターの整備の推進。要介護認定ソフトの改善にむけての検討に開始などを実現。

　①高齢者介護の充実、新たな生活支援システムの創設に向けた包括的な検討。
　②高齢者の権利擁護、介護サービス利用者の権利の擁護。
　③介護施設のクオーリティの向上。
　④ケアマネージャー制度について社会保障審議会、介護報酬に関わる分科会を早期に立ち上げ必要な実態調査を行う。
　⑤コミュニティのまちづくり。
　⑥ワンストップサービスの提供可能な高齢者統合相談システムの整備。
　⑦介護控除の創設。

9月12日　介護保険「安心の制度に」基盤整備の前倒しなど協議した。(党対策本部) また、都道府県本部介護保険アンケートを協議。

9月26日　介護保険改善策まとめ、与党プロジェクトにおいて公明党は次のような低所得対策を求めた。①低所得対策②ショートスティの利用促進③家事援助の適正事例④介護サービス基盤の整備。低所得対策。所得段階別保険料の認定。保険料半額の第1段階の対象者がきわめて少ない。社会福祉法人の利用料減免措置の周知徹底。短期入所、訪問通所の1本化。遺族年金、障害年金の特例徴収の見直し。

9月27日　介護保険において与党が改善策を決定し低所得対策、短期入所の利用拡大など与党の改善策の概要を発表した。また、保険給付として適切な範囲を逸脱した家事援助の是正と国の措置を次のように求めた。①保険給付として適切な範囲の周知徹底。リーフレット作成、広く利用者、ケアマネージャー等

に配布。②ケアプランに家事援助の必要な理由の記載。③ケアマネージャーの研修。家族援助の範囲に含まれないと考えられる事例。A．「直接本人の援助」に該当しない行為。B．「日常生活の援助」に該当しない行為。身体介護の利用促進。情報提供。訪問介護事業に対する規制緩和。身体介護事業に特化できるような道を開く。ショートスティ。④支給限度額の1本化の早急な実現。⑤ショートスティ床の弾力活用。おおむね5割まで特養ホーム床に転換。低所得者対策。負担限度額上限の特例。訪問介護利用者の経過的軽減措置などが実施。個々の利用者に応じ福祉法人が利用者負担を原則として2分の1に軽減する措置。⑥全国的な実施の推進。市町村における利用相談窓口の設置。⑦対象となる低所得者の範囲の拡大。⑧社会福祉法人に対する協力要請・介護基盤の整備・介護施設の整備・単独型の痴呆高齢者グループホーム、民家・民間宿泊施設等を改造したディサービスセンター。

介護予防拠点の整備・老いの住まいづくり・ケアマネージャーの資質の向上について。
①事務負担軽減、現任研修等の実施。
②ショートスティ振替業務等の支援。
　訪問通所サービスのショートスティへの振替措置に関する事務は、介護報酬支払いの義務になっていないので必要な支援策を講じる。
③市町村等による業務支援。市町村、都道府県においてケアマネージャー支援相談窓口の設置、情報交換の場つくり。
その他
④国保連の審査支払い事務の支援。
⑤個人の尊厳に対する配慮と介護サービスの質の向上。
⑥制度の積極的PRの推進。

⑦介護保険施設の保険外負担の取扱いについて費用の範囲を周知徹底。

2000年11月4日　公明党全国大会重点政策21世紀「健康日本の構築―活力と安心の生活大国をめざして」を発表。年金、医療、介護などの個別制度として運営するのでなく、年金、介護、医療、そして雇用、家庭、家族政策を含めて制度全体を一つのシステムとして整備性のあるかつ効率的な運用が確保されねばならない。自助、共助、公助のベストミックス。社会保険と税により安定した財源確保をはかる。NPOの利用。財政基盤を強める寄付金税制を整備。シルバー人材センターを整備拡大。リバースモーゲージ制度の導入。介護保険、20歳以上の国民も加入すべきである。高齢者の高額所得者の所得控除のあり方も検討。生活の実情に即した適切な課税。社会保障基金機構の創設。

11月19日　介護契約のトラブルをなくすために市町村は、事業の監視強化をすべきである。事業者が契約拒否や逆差別をなくすために介護相談員事業の普及を主張した。

11月28日　今年度補正予算から公明党が推進した施策は、介護基盤を整備し特養ホーム整備など前倒した。介護予防拠点は全額補助し、短期入所もしやすくなる。介護基盤整備（325億円公共事業予備費含む）が計上。施設整備が不十分な地域のため特養5000人分、介護老人保健施設7000人分、ショートスティ2000人分、通所介護100か所、痴呆性高齢者グループホーム2000人分、ゴールドプラン21の前倒し、高齢者生活福祉センター100か所等を含む予算。介護予防生活支援対策、300億円。

①介護予防のための生きがい活動通所事業の場。
②健康運動活動を行うための場。
③介護予防の知識、方法の普及をはかる介護予防事業。市町

村に整備費を国が全額補助。訪問通所サービスと短期入所の支給限度額を1本化。2002年から実施。それまでの1年間は弾力的運用。現在7日から42日。最大で1か月30日。

2000年12月1日　介護保険において市町村で低所得対策をどう進めるかを桝屋敬吾党介護問題対策本部事務局長に聞く。未実施の軽減策はないかを確認し、所得段階別保険料の弾力的設定もすべきと同氏は主張。

11月、全国介護保険担当課長会議。社会福祉法人の利用減免10％。

神戸市、世帯の年間収入120万円以下で、市民税課税者に扶養されていないことなどを条件に個別的に申請してもらい、保険料を第1段階相当額に軽減。

2001年2月22日　党常任委員会において党介護対策本部を再編し、福島氏を本部長とする新体制を立ち上げた。

3月21日　党対策本部で低所得対策を推進するために介護保険に関する署名を行う。

陳情項目
①保険料軽減の取り組みを進める。
②各自治体において介護サービスの利用料の軽減措置を拡充。
③痴呆性高齢者のためのグループホームやケアハウス、生活支援ハウスなど介護施設の整備を推進する。

3月31日　宮崎県都城市において木庭氏と福祉関係者が意見交換。「介護保険の充実に全力をつくす」と同氏は主張。

4月16日　北海道厚田村において介護保険の課題について党介護対策本部関係者に意見を聞く。積雪寒冷地において送迎や除雪サービスも保険給付の対象にすべきである。小規模なサポート住宅など地域で高齢者を介護する体制を整備する。

4月19日　坂口厚生労働相に東野都議ら低所得対策を求め、介護施設充実を要望。

6月25日	千葉、岡山、香川、愛媛の4県本部が、坂口厚労相に要望。魚住、福本両氏が出席。「介護保険による利用者負担の軽減を求める要望書」を提出。「ヘルパーなどの人員確保と待遇改善、制度の周知徹底の必要性」を訴える。
2001年6月27日	安心と活力の高齢社会にむけてを提言。痴呆性高齢者のためのケアを充実する。

　　　　　①地域における早期からの相談。アクティビケア体制の充実をはかる。

　　　　　②痴呆性高齢者のためのケアプログラム等を考慮したグループホームの整備。(2010年までの1万か所、中学校区に1か所を目標、グループホーム整備目標1157か所)

　　　　　③新型特養ホームへ前面転換個室化、ユニット化(2010年までに個室、ユニットケアを前面転換を目標に)都市部でのケアハウス整備をさらに進める。

　　　　　④安心の住まい「100万戸」を整備。バリアフリー化された公共住宅、民間賃貸住宅、シルバーハウジング集合住宅の整備の促進(2010年までに100万戸を目標)

7月4日	介護保険アンケート三重県本部が自治体対象に実施。69市町村中回答率87％「介護認定」や「保険料」に課題。知事に支援充実を要望。介護保険の運営状況。全体の72％「問題や課題もある」と回答。具体的な問題点「痴呆性高齢者の要介護認定の再考」62％。「介護支援専門員の職務内容・報酬体系の改善」43％。「低所得者の保険料の軽減」32％。「保険料の低所得者の独自の減免」1市2町。「既に実施済み」3市1町1広域。「実施にむけて検討している」3市4町1広域。

　　　　　アンケートの要望

　　　　　①介護保険事業への国、県の財政負担割合の増加。

　　　　　②介護サービス基盤整備(在宅、施設)への財政支援。

　　　　　③低所得者に対する保険料や利用料の軽減。

	④県、市町村、広域一体の介護予防の事業展開の4項目を求めた。
8月7日	医療、福祉、安全網に穴をあけない。坂口厚労相ラジオ番組に出演し、サービスの質向上への競争原理には賛成の意を示した。
2001年11月8日	利用者本位の制度にするため介護保険の改善求める。党埼玉県本部が桝屋厚生労働副大臣に問題提起。①介護現場でのサービス内容をチェックする第三者機関を設置する。②痴呆高齢者の要介護認定の見直し。③ヘルパー不足の解消。④ケアマネージャーの資質向上。⑤ケアプラン作成を支援するコンピューターソフトの開発
2002年4月20日	岡山県笠岡市のユニットケア（小単位介護）の現場視察。職員が対等な人間として高齢者といっしょに生活することを同施設の方針としている。
6月7日	高次脳機能障害者に支援の手。診療、介護基準づくりへ友の会、公明の後押しに感謝の声。岡山県がモデル事業指定地になる。
2004年4月6日	公明党が提言。介護予防10カ年戦略の策定を要介護者を全高齢者の10％以下に。

全国1万カ所に拠点（2004年）

公明党は3日、本格的な高齢社会に対応した社会保障を構築する上で"急所"の課題ともいうべき介護予防について、政策提言「元気を延ばそう！　生涯健康づくり（公明党の介護予防10カ年戦略）」を発表した。

神崎武法代表や北側一雄政務調査会長らが同日、参院選への全国遊説第一声

で訪れた、さいたま市で記者会見して明らかにした。

　公明党は夏の参院選に向けて、先の衆院選で作成したマニフェストに新たな項目を付け加えたマニフェスト改訂版を作成する方針だが、今回まとめた提言は追加項目の1つとして盛り込まれる。

　同提言は、国に対して「介護予防10カ年戦略」の策定を求め、同戦略に掲げるべき目標と、それを実現するための具体的な取り組みを提案している。

　ここ数年、軽度の要介護者（要支援、要介護1）が急増するとともに、軽度の要介護者の重度化が進んでいる。これは高齢者の生活機能の維持・改善を目的とする介護保険サービスが、十分に機能を果たしていないことを意味している。2005年には介護保険制度の改革が予定されているが、実効性の高い介護サービスの確立をめざす公明党の提言は、まさに時宜を得たものと言えよう。

　目標は、今後10年で高齢者人口に占める要介護者の比率を現在の15.5％から10％以下へと3割減らす意欲的なもの。具体的な数値目標を示すことは極めて重要であり、介護予防は検証可能で具体的に効果の見える事業へと脱皮が図られなくてはならない。

　目標達成に向けた主な取り組みとしては、①介護保険における新たな介護予防サービスの創設　②介護予防拠点を「歩いて行ける」場所に整備　③筋力トレーニングなど効果のある介護予防プログラムの開発と設備の配備　④総合型地域スポーツクラブの推進と高齢者健康メニューの追加　⑤高齢者リハビリテーションの見直しと充実　⑥痴呆性高齢者のサポート体制の整備　⑦関係者による「介護予防連絡協議会」の設置など、市町村の取り組みの強化——を提言している。

　このうち、介護保険における新たな介護予防サービスの創設は、要支援者、要介護1の方、さらに要介護状態になる恐れのある虚弱の方（約100万人）を対象とする。そして、予防サービスを「歩いて行ける」場所で受けられるよう、介護予防サービス拠点を2008年度までに中学校区に1カ所（約1万カ所）、11年度までに小学校区に1カ所（約2万3000カ所）整備する。

　ソフト面では、筋力トレーニングなど、効果のある介護予防およびリハビリプログラムを開発し、これらを実践できるよう、トレーニング機器の整備など

の環境整備、人材育成を行う。

疾病予防と一体的に（2004年）

　据えているのが特徴。生活習慣病の脳卒中は、要介護状態を生み出す大きな要因であるなど、疾病予防は介護予防に連動している。

　介護予防が進めば、高齢者は自立して生活できる"健康寿命"を一層延ばし、自らの能力を生かしながら、イキイキと社会参加できるようになる。公明党は希望あふれる高齢社会を切り開いて行く。

　　　　　　　　（出所：公明新聞　公明党ホームページ　朝日新聞　一部筆者加筆修正）

第4章
民主党介護保険の政策論点

　民主党の介護保険政策の論点を、時系列に調査分析した。内容は以下のとおりである。

1999年3月9日　民主党の地域介護力パワーアップ作戦〜生きがいと安心の高齢社会の構築をめざして〜

　　(1) 介護の社会化、介護保険制度は新たな共同社会の構築を求める実践的な試みの1つである。

　　(2) 21世紀は地方分権の時代。市町村の個性的な介護保険事業計画策定推進。特色ある福祉の街づくりに導く。地域経済に対して介護サービスに係わる需要を創出。介護サービスに必要な雇用機会を飛躍的に増大する。

　　①2000年4月から施行。介護基盤整備等の準備を放棄。

　　②ポスト新ゴールドプランを策定。グループホーム、ディサービス等の拡充。特養、老健、療養型の3類型がそれぞれ地域ごとにバランスよく配置されることが必要。療養型に偏りすぎることは慎重な対応が必要。

　　③市町村の財政負担。適切な規模の広域化による共同事業の展開をはかる。効率的な実施体制の構築。

　　④予防、生きがい活動の支援。老健法による予防事業や配食、移送サービスのレベルの低下には反対。

　　⑤積極的な市民参加を情報公開。NPOの積極的支援。

　6月29日　介護保険実施に向けた当面の課題と見解

（民主党介護保険推進本部）
2000年4月実施を主張する。
介護保険制度の目的。
①家族介護から社会的介護への転換。
②要介護高齢者の人権の確立と高齢者の自立支援。
③措置制度からサービス選択可能システムへの転換
④社会的入院を解消し、在宅介護を充実する。
⑤民間活力を利用して、良質かつ大量サービスを生み出すことにある。

　実質延期は、高齢者福祉行政の混乱と停滞を招く。今成すべきことは、問題があるから凍結するのでなく、問題点を解決することである。
当面する課題について推進本部の見解
①（要介護認定）コンピューターソフトの公開。判定方法への国民および関係者の意見を反映する。調査内容や判定方法について絶えず見直す。市民参加条項を活用。認定審査会条例の判定にあたっても、委員の構成や人選、事業計画策定過程での情報公開や市民参加の徹底をはかる。認定結果に対する不服申し立て。市町村レベルでの相談窓口の設置。市町村の体制整備。
②（自立と判定された高齢者への対策）ケアハウス、グループホーム等の在宅サービス基盤や移行プログラムを整備。移行期の問題解決をはかる。現行の老人福祉法、老人保健法で行われている在宅サービスのうち要介護状態にならないための保健サービスや一般的福祉サービスについては、自治体計画に基づいて従来どおり続けられるべきである。介護事業計画策定にあたって、老人保健福祉計画、地域福祉計画との一体性の確保をめざすとともに必要な予算を確

保すべきである。国、都道府県、市町村での必要な予算措置を求めていく。

③（保険料の地域格差について）保険料を抑制するために療養型病床群の数に歯止めをかける。月46万円の介護報酬を段階的措置を通じて介護施設の適正な料金を誘導するなど施策の検討の推進が必要。広域化による保険料の平準化。保険料低減のための諸方策の検討。

④（低所得対策）地域の実情に合わせて、弾力的な軽減が行われるような制度運営が必要。「高額介護サービス費」の導入。自己負担の上限額、低所得者低減案が検討されているが、「市町村民税非課税」でひと括りせず、実情に合わせた軽減額をさらに大きくした区分等を設ける。

⑤（家族による介護サービスの評価について）現金給付は行われない。ホームヘルパー資格を有する者が自分の家族を介護することを認めるかどうかの問題は一定の条件を付す。

⑥（2号被保険者40歳～64歳負担と医療保険制度改革）介護保険制度の導入は、社会的入院を中心とする老人医療費の無駄をなくすことにより、第2号被保険者の老人拠出金の負担を軽減する効果を生み出す。介護保険の着実な前進と合わせて、健康保険財政に対して重大な関心を払いながら、老人医療を中心とする制度改革案を早急に行うことを政府に強く求めていく。

1999年11月11日 介護保険制度の骨格を変えず、円滑な実施を求める緊急アピール

介護保険制度の見直しを受けて

保険料徴収を半年間行わず、その後1年間は半額を徴収し財源は国が負担。さらに、家族介護に慰労金を支給に反対。保険料徴収に負担と給付があいまい。赤字国債は、将来世代に転嫁する。市町村の努力を無駄にし、地方分権に反する。

慰労金は家族介護をますます助長する。
　そもそも自民党は保険方式、自由党は税方式、公明党に至っては折衷案と3党の介護保険に対する主張はバラバラである。場当たり的選挙目当ての見直しを打ち出した。これは、保険料なき保険方式、税負担なき税方式をなし崩し的に進めるものであり、国民を愚弄する無責任な行動である。
(介護の目的)
①家族介護から社会的介護へ
②地方分権を促して分権社会の確立
③措置制度からサービス選択可能な自立支援システムへ
④社会的入院を解消し在宅介護へ
⑤民間参入による良質かつ大量サービスの創出へ
政府の特別対策は，これらの意義と矛盾する。
(政府の見直し案に対する問題点)
①保険料徴収を行わないこと。
②相互連帯に基づく保険原理の根幹を壊し、制度の趣旨をゆがめる。
③赤字国債の増発は無責任。(約1兆円)
④市町村の努力を無駄にし地方分権の流れを阻害する。
⑤低所得対策や介護基盤整備に対する重点対策を講じるべき。
⑥家族慰労金は家族介護に逆行する。
⑦民間参入のインセンティブが失われる。

1999年10月22日 介護保険制度に対する自民党の負担軽減について(談話)
　何よりも制度の根幹を変えず、保険者の市町村を混乱させず、住民にも不安のないよう制度をはじめることが重要。

　　　11月5日 民主党ネクストキャビネット　雇用、社会保障大臣　今井澄
　介護に限らず、年金医療など社会保障の財源のあり方をめぐっては、自自公3党の主張には大きな隔たりがあり、十分な政策協議が行われていない。今回の見直しを直ちに撤退すべ

きである。

2000年3月31日　民主党ネクストキャビネット　雇用、社会保障大臣　今井澄
制度スタートにあたって、ケアプラン作成の遅れ、要介護認定をめぐる問題、低所得などすでにいくつもの問題点を指摘。国、都道府県、市町村が密接に連携、協力を進めながら課題を整理すべきである。

介護の問題
①介護サービスの不足　ホームヘルプ、日帰り介護、短期入所、訪問リハビリ等そのニーズに比べてまだまだ不足している。

ヘルパーの待遇改善。利用者の声を介護保険政策に生かす。第2号被保険者の保険料の問題。政府は、自治体に過剰に指示、介入をしない。

9月27日　介護保険に対する民主党の「7つの提言」を発表。
―10月1日から介護保険料徴収を前にして―　介護保険をより良くするプロジェクトチーム
①介護基盤の整備の推進。特にグループホーム、宅老所、ユニット型で個室の老人ホームを重点的に整備。

具体的には、痴呆性高齢者向けグループホームの大幅な増設。単独型グループホームの建設促進（NPOや営利企業へも建設補助を）

グループホームの開設相談窓口の設置。宅老所への介護保険からの給付。新築の介護保険施設は原則として個室化、ユニット化。既存の介護保険施設を個室化、ユニット化するための改革を数値目標を定めて推進。ショートスティの個室化推進。
②介護報酬の見直し。計画作成に対する介護報酬は低すぎる。
介護保険関係の福祉職の待遇改善。但し、全体の保険料アップしない範囲で行うべきである。
③「身体的拘束ゼロ作戦」の徹底、違反者には保険指定の取

り消しを。ポスターを関係者や国民に配布し、啓蒙を行う。
④痴呆施策の強化、痴呆ケアなどの専門的スタッフの育成と痴呆の要介護認定の適正化。

グループホームを運営するための人材養成学校やコースを各都道府県につくる。痴呆の予防教室を全国で開催し、痴呆予防への取り組みを活発化させる。「痴呆年」を実施し、国民の痴呆への理解を高める。痴呆症状が要介護認定に適正に反映されるよう、一次判定ソフトの見直しまでの間、判定の現場で使いやすい基準を早急につくる。

⑤NPO法人が提供する介護サービスを非課税に、NPO法人が活躍できる仕組みを整備する。社会福祉法人と同じ扱いにする。

⑥ショートスティ利用の弾力化、現場裁量権の拡大。

ショートスティサービスと訪問通所サービスとの振替を行う経過措置について、早急に全市町村で受領委任方式を取るよう徹底する。また、与党で検討されている家事援助、ポジティブリスト方式は現場の柔軟な対応を阻害し、高齢者の自立を妨げる疑念が大きい。サービス給付限度額の範囲で自立支援に向けてサービスが組み立てられるよう保険者、現場の裁量を拡大し、介護保険の柔軟な運用を実現する。

⑦介護保険制度の見直しの場に利用者の声を。ケアマネージャー、ホームヘルパー等と利用者、家族の代表を委員として加える。

この7つの提言に関しての解説。

①ゴールドプラン21の前倒し。痴呆高齢者向けグループホームの大幅な増設。04年に全国に10,000か所（中学校区に一つ、ゴールドプラン21では3400か所）小学校の空き教室をグループホームに転用。NPO、営利法人にも補助対象とする。グループホーム開設の相談窓口を設置。自治体の担

当者が指導を行えるように勉強すべきである。当面に対応するために、全国痴呆性高齢者連絡協議会、宅老所、グループホームネットワークなどに厚生省が委託して、相談窓口を設置する。宅老所への介護保険からの給付。「民間改造型ディサービス」「民間型グループホーム」を創設する。従来のディサービス、グループホームの基準よりもゆるやかな基準を設ける。住まい型老人ホーム個室7人から9人、ユニットに分かれたサイズに仕切られた保険施設、個室型現在の建築補助20％、これを100％に。新築介護施設定員の50％以上。ショートスティの個室化。

②ケアマネージャーは50人の要介護高齢者のケアプランを担当。これでは、高齢者の状態を把握し、本人や家族にサービスの説明を行うことは困難、ケアマネージャーが適正な業務を行えるよう単価の引上げを図らないと介護保険制度全体の質の低下につながる。グループホームは夜間も各入居者の見守りが必要なため夜勤の体制が必要、この現状に対応するために介護報酬を現状の25.3万円（要介護3）から早急に月30万円に引き上げ、夜勤を義務づけする。グループホームの自己負担は月平均12万から14万円と推定され、現状では特養のほぼ倍であり、格差を是正する必要がある。（住宅手当か建設費補助）家事援助の介護報酬の見直し。

③身体拘束ゼロ5か年計画を策定し、身体拘束の廃止のために厚生省は毅然とした態度をとるべきである。指導監査結果等の情報を利用者に提供。

④痴呆ケア、ケアマネージャーの人材養成学校コースを各都道府県につくる。たとえば、学生が減っている高校、大学の空き教室を利用し、痴呆ケア人材養成コースをつくり、現任訓練も配慮。痴呆の予防教室を全国で開設するよう保健所を指導。痴呆年を実施（スウェーデンでは1994年実

施）痴呆の予防や介護方法について国民全体が学べる環境を構築。痴呆性高齢者の要介護認定の適正化。二次判定における要介護度の変更事例を示すだけでなく、山口県内に医師会が出している問題行動例の一次判定基準のような判定と現場で使いやすい基準を早急に示す。訪問調査費に対する研修を繰り返し行っていく。

⑤単独型グループホームを含めて整備補助の適応対象を市町村の判断に基づいてNPO法人やシルバービジネスも可能とする。但し、グループホームに対する市町村の監督責任の明確化と市町村への認可権限への付与、段階的な指導が行える体制づくりも併せて必要。ショートスティ利用の弾力化など現場裁量権の拡大。ショートスティの利用の弾力化

⑦介護保険制度の見直しの場に現場と利用者の生の声を。介護保険の審議会の委員に。現場と利用者の代表を加え、3年後の介護報酬見直しと5年後の制度の見直しに向けて。介護職員の待遇と労働条件の向上。

2000年6月6日　民主党の「15の挑戦と110の提案」を発表。〜無責任な政治と決別し安心の未来をつくるために〜（介護保険のみ要約、抜粋）

①スーパーゴールドプランを策定し、介護基盤の整備に集中投資します。

②特養の個室化を徹底します。

③介護の切り札、グループホームを全国2万ヵ所を設置します。

④痴呆ゼロ作戦を展開。

無駄な公共事業を削り、社会保障へ資源を再配分する。将来の消費税引きあげはやむをえない。

政府の特別対策は「国民の共同連帯」という社会契約的な介護保険法の理念に反する。65歳以上の人の介護保険料の徴収猶

予などの特別措置があと半年残っているこの時期、政治がどんな手を打つのか。法にうたっている「自立した日常生活を営むことができる」ということをどう政策化していくのか。人間的な生存と充実の問題と考える。民間事業者の問題、介護職員の厳しい労働実態が各地の自治体アンケートで明らかになっているが、これらの問題はあらかじめ予測された。法案作成過程でどさくさに先送りされたため、高齢者、サービス提供者、自治体がその犠牲になっている。なぜ契約の対象を「疾病により要介護状態」となった原則65歳以上の人に限定したのか。介護保険は、比較的所得の高い少数の人々に好意的に迎えられているのに対して、多くの低所得者にとっては重い負担や受給制限、放棄という不幸な状態になっているのか。

2001年1月16日 「新しい政府」を実現するために民主党は「最良の国、日本をつくる、安心できる、選択できる社会を早急に築き上げる」を発表。21世紀をしあわせな時代にし、福祉、医療、育児環境まで整備する。介護基盤を緊急に整備するために2000年4月から介護保険を予定より実施する。スーパーゴールドプランを策定。特養18万人分個室を新設、20万人分（4人部屋）の個室化、老健4万人分の新設、療養型に公費補助と個室化そして特養に転換。在宅サービスを整備、ディサービス、デイケア、2000か所の増設。12万人の高齢者住宅の確保。グループホーム2万か所、15万人分。自立高齢者には、直接施策を総合的に推進。自治体の負担軽減、「高齢者総合生活支援条例」制定を推進。国は、在宅高齢者保健福祉推進支援事業補助を大幅に増額する。

3月23日 第19回 参議院議員通常選挙政策、すべての人に公正であるために17の改革、21の重点政策を発表。民主党ネクストキャビネット。

介護基盤の整備を最優先で進めます～よりよい介護保険制度

の確立〜

介護基盤の整備、雇用創出、地域の活性化、ホームヘルパー、ケアマネージャーの増員や質の改善、グループホーム、宅老所の増設、要介護認定の正確化、家事援助と身体介護の区分見直し、低所得高齢者に対する支援措置、ホームヘルパー、ケアマネージャーの待遇改善、苦情処理の円滑化、オンブズパーソンの設置。

2001年5月31日	介護保険導入後1年、介護保険に対する民主党10の提言を発表。民主党「介護保険をよりよくするためのワーキングチーム」

①保険料と利用者負担の低所得者対策　高齢者も安心して各サービスを利用できる制度、運用を。神戸方式―申告による減免の実施（保険料）

②貸付制度の創設（保険料の利用と保険外負担）生活福祉資金の貸付、資産のある高齢者―リバースモゲージ制度

③福祉法人の特別措置の拡大（利用料）NPO、医療法人、民間事業者拡大

④質のともなった介護サービス基盤整備の推進、GP21の前倒し、上乗せ

⑤質の高い痴呆性高齢者向けグループホームの大幅な増設。

⑥個室、ユニット型特養ホームの増設　高齢者ケア付き住宅に転換

⑦宅老所への介護保険からの給付

⑧ショートスティの個室化

⑨介護報酬の見直しの前倒し　ケアマネージャー、グループホーム、ホームヘルパー

⑩ケアマネージャーの充実

⑪痴呆施策の強化　痴呆専門スタッフの育成と要介護認定の適正化　痴呆ケア人材養成学校コースを各都道府県に

⑫痴呆高齢者の要介護認定の適正化　痴呆年の実施

⑬身体拘束ゼロ作戦の徹底、身体拘束ゼロ３カ年計画の策定を実態調査と実施の徹底　指導監督結果等の情報を利用者に提供
⑭サービスの質を確保、担保するための施策の充実　第三者評価、情報公開の徹低　監督官庁の監査
⑮介護労働者の実態調査と労働条件の改善
⑯介護保険制度の見直しの場に現場と利用者の生の声を
⑰NPO法人が提供する介護サービスを非課税に

2001年7月12日　「同じ改革でも中身が違う、民主党の改革、ゆずれない3つの原則」を発表。

5つの構造改革とセーフティネット／暮らしを守り、環境を守る7つの改革

老人ホームだって個室があたりまえ　介護の基盤の質、量ともの充実で安心できる老後を実現する。介護保険はできたが、ホームヘルパー、ケアマネージャーなどのソフト面でも、また、老人ホームなどのハード面でも介護サービスを提供するための体制が不十分である。老人ホームだって「個室」にするのが当たり前の時代である。介護基盤の質と量の両面の充実で安心できる老後を実現する。

2000年9月27日
介護保険に対する民主党「7つの提言」
～10月1日からの介護保険料半額徴収を前にして

(出所：民主党「介護保険をより良くするプロジェクトチーム」)

　介護保険制度が実施され、半年が経過した。サービス利用者の拡大など一定の成果があがっているが、一方で、介護サービスの基盤不足、人材の不足等、各種の問題も明確になってきており、早急な対処が必要である。また、これまでの数量重視の施策の限界も見えてきており、量と同時に質的な向上が必要である。

民主党では、総選挙後7月18日に、「介護保険をより良くするプロジェクトチーム」(座長：石毛_子衆議院議員、衆参87名参加)を立ち上げ、厚生省や各種団体からヒアリングを進める一方、大津市、仙台市において、現地調査と公聴会を開いて現場の意見を聞きながら、対処の方向性について検討してきた。

中長期的には、65歳未満へのサービス拡大、医療・看護・介護の連携と役割分担の明確化、要介護状態を防止する保健活動の重視などを含め、枠組みについての整理が必要である。また、保険料、利用料の負担のあり方、保険請求事務などシステム全体についても見直しを行うべきであるが、ここでは、10月からの介護保険料半額徴収を前にして、介護保険をより良くするために、当面の課題として、まず次の7項目への取り組みが急務であると考え、提言する。

【7つの提言】

1. 介護サービス基盤整備の推進～特にグループホーム、宅老所、ユニット型で個室の老人ホームを重点的に整備。
2. 介護報酬の見直し・改善～ケアマネジャー、グループホーム、家事援助など。
3. 「身体拘束ゼロ作戦」の徹底～違反には保険指定の取り消しを。
4. 痴呆施策の強化～痴呆ケアなどの専門的スタッフの育成と痴呆の要介護認定の適正化。
5. NPO法人が提供する介護サービスを非課税に～NPO法人が活躍できる仕組みの整備。
6. ショートステイ利用の弾力化など、現場裁量権の拡大。
7. 介護保険制度見直しの場に現場と利用者の生の声を。

1. **介護サービス基盤整備の推進**
　　～特にグループホーム、宅老所、ユニット型で個室の老人ホームを重点的に整備。

　　介護サービスの基盤整備は、従来型の公共事業よりも経済波及効果が高く、

しかも切迫したニーズがあり、必要性が明確である。よって、介護サービスの基盤整備に大胆に予算をシフトし、必要な介護サービスを必要な時に受けられるよう、「ゴールドプラン21」を前倒し実施する。

　また、量の整備も重要だが、作られた施設を今後何十年も利用することを考えると、質も重要になることから、次の施策を推進する。
・痴呆性高齢者向けグループホームの大幅な増設。
・単独型グループホームの建設促進（NPOや営利企業へも建設補助を）。
・グループホームの開設相談窓口の設置。
・宅老所への介護保険からの給付。
・新築の介護保険施設は原則として個室化、ユニット化。
・既存の介護保健施設を個室化、ユニット化するための改築を数値目標を定めて推進。
・ショートステイの個室化。

2.　介護報酬の見直し・改善
　　～ケアマネージャー、グループホーム、家事援助など～
　家事援助、グループホーム、ケアマネージャーの介護サービス計画作成に対する介護報酬は低すぎる。適正な事業を確保するためにも、また介護関係職の「やる気」の昂揚、職の定着の意味でも、全体の保険料をアップさせない範囲で介護報酬を引き上げ、ケアマネージャーやホームヘルパーの待遇を改善することが急務である。

3.　「身体拘束ゼロ作戦」の徹底
　　～違反には保険指定の取り消しを～
　「身体拘束ゼロ5ヵ年計画」（仮称）を策定し、身体拘束を行っている施設に対して、保険指定を取り消すべきである。
　介護保険施設に、「身体拘束をすると介護保険の指定が取り消されます」と書いた「身体拘束ゼロ作戦」の啓蒙のポスターを掲示し、家族や現場の意識改革を行うべきである。

4. 痴呆施策の強化
　　～痴呆ケアなどの専門的スタッフの育成と痴呆の要介護認定の適正化～
　グループホームを運営するための痴呆に関する専門的知識を要する職員の不足や、介護保険の要となるケアプラン作成におけるケアマネージャの質のばらつきが問題になる。また、痴呆への対応に不足が見られることから、次のことを実施する。
・痴呆ケアやケアマネージャーの人材養成学校やコースを各都道府県につくる。
・痴呆の予防教室を全国で開催し、痴呆予防への取り組みを活発化させる。
・「痴呆年」を実施し、国民の痴呆への理解を高める。
・痴呆症状が要介護認定に適正に反映されるよう、一次判定ソフトの見直しまでの間、判定の現場で使いやすい基準を早急に示す。

5. NPO法人が提供する介護サービスを非課税に
　　～NPO法人が活躍できる仕組みの整備～
　介護サービスの提供者として、NPO法人の普及を促すために、介護サービス事業を非課税とし、社会福祉法人と同等の扱いとする。

6. ショートステイの利用の弾力化など、現場裁量権の拡大
　ショートステイサービスと訪問通所サービスとの振替を行う経過措置において、早急に全市町村で受領委任方式を取るよう、徹底する。
　また、与党で検討されていると言われる家事援助のポジティブリスト方式は、現場での柔軟な対応を阻害し、高齢者の自立を妨げる疑念が大きい。サービス給付限度額の範囲で「自立」支援に向けてサービスが組み立てられるよう、保険者・現場の裁量権を拡大し、介護保険の柔軟な運用を実現する。

7. 介護保険制度見直しの場に現場と利用者の生の声を
　3年後の介護報酬見直しと5年後の制度見直しに向けて、審議会などが設置されるはずである。その委員として現場（ケアマネージャー、ホームヘルパー等）と利用者・家族の代表を加えること。

介護保険に対する民主党「7つの提言」解説

1. 介護サービス基盤整備の推進

「ゴールドプラン」、「新ゴールドプラン」、「ゴールドプラン21」と、介護基盤の整備が進められてきているが、介護を受ける権利があるのにサービス量が足りないために希望するサービスを受けられなかったり、施設の入所待ちとなる状況が発生している。

経済企画庁からは、「介護保険はGDPを0.1％押し上げた」との発表があった。また、ホームヘルパーやグループホームや介護保険施設を作る介護保険の基盤整備を行う方が、従来型の大型公共事業よりも、雇用創出効果が高いことが、各種の研究調査により明らかになっている。

よって、従来型の公共事業よりも、経済波及効果が高く、しかも切迫したニーズがあり、必要性が明確な介護保険基盤の整備へ大胆に予算をシフトし、必要な介護サービスを必要な時に受けることができるという介護保険の理念の実現を図るべく、「ゴールドプラン21」を前倒し実施する。

●痴呆性高齢者向けグループホームの大幅な増設

ゴールドプラン21では、2004年度までに3,200ヶ所、25,000人を目的としているが、160万人と推定される痴呆性高齢者にとっては64人に一人しか利用できず、少なすぎる。2004年度までに全国に10,000ヶ所（中学校区に1つ）、2010年度までに25,000ヶ所（小学校区に1つ）、20万人に目標を上方修正する。

そのためには、小学校の空き（余裕）教室をグループホームに転用するなど、既存施設の有効利用も積極的に進める。

また、単独型グループホームへの建設補助が、医療法人や社会福祉法人のみを対象として検討されているようだが、市町村が認めるNPOや営利法人についても補助対象とする。

●グループホームの開設相談窓口の設置

グループホーム開設を希望する多くの介護サービス事業者から、「市町村や都

道府県の担当者がグループホームに行ったこともない、あるいは、グループホームに詳しくないため、適切な助言や指導が受けられない」という苦情が増えている。劣悪なグループホームの開設を事前に防ぐ意味からも、グループホーム相談窓口の開設が必要である。

　本来であれば、それぞれの自治体の担当者が指導等を行えるように勉強すべきだが、現状では多くの自治体が対応できない。当面これに対応するため、全国痴呆性高齢者連絡協議会や宅老所・グループホーム全国ネットワークなどに厚生省が委託して、相談窓口を設置する。

●宅老所への介護保険からの給付
　宅老所が全国各地に増えており、500ヶ所を超えようとしている。宅老所は、従来の大規模な施設とは異なる家庭的なケアと身近で利用しやすいという理由などから、利用者からは好評である。

　宅老所は民家を改造したデイサービスが基本であるが、ショートステイやグループホームのような入居が可能なケースもある。しかし、グループホームの基準には届かないものが多く、全国の宅老所の多くが介護保険から一切給付を受けられないか、デイサービスの部分だけしか給付を受けていない。

　よって、介護保険から宅老所に給付をするために、「民家改造型デイサービス」、「民家改造型グループホーム」という制度を創設し、宅老所の普及を促進する。具体的には、従来のデイサービスやグループホームの基準よりもゆるやかな基準で、市町村の判断により、介護保険の対象事業として認め、介護報酬を給付する。更に、民家の宅老所への改築に対する助成の実施や、宅老所を運営する法人が社会福祉法人となれるようにすることが必要である。

　介護基盤の整備の中で、特にハードウェアについては、量の整備も重要だが、作られた施設を今後何十年も利用しなければならないことを考えると、質の確保も非常に重要になる。

●介護保険施設の個室化、ユニット化（新築も改築も）を数値目標を定めて推進
　厚生省は、来年度予算において特別養護老人ホーム 10,000 人分、老人保健施

設7,000人分の予算要求をしている。確かに量も大切であるが、これから新設するものは今後20-30年後の評価に耐えうる住環境が必要である。

住環境が要介護高齢者にとって非常に重要であることから、国際的にも「施設から在宅」への転換が急速に進んでいる。日本でも、これからは介護保険施設も、高齢者の「住居」「住宅」に限りなく近いグレードに住環境を引き上げる必要がある。

具体的に言えば、「住まい型老人ホーム」とも言うべき、個室で7―9人のユニットに分かれたサイズに区切られた介護保険施設を新築する。現状では、施設基準で4人部屋となっているが、これを個室を原則とするように改正し、希望すれば必ず個室を選択できるようにする。具体的な誘導策としては、現在建築補助の個室加算が定員の20%までしか認められていないものを100%にすることや、新築の介護保健施設については個室を定員の50%以上設けなければならないなどの制限を設ける。

また、既存施設のユニットケアへの改築に補助金を出し、既存施設でユニットケアが行われるように誘導する。

● ショートステイの個室化

ショートステイを利用して症状が悪化する高齢者が多い。これは、ショートステイが家庭とあまりにも違う環境であるため、高齢者がその環境の急激な変化についていけないことが大きな要因の一つである。そこで、家庭的なショートステイの居住環境、つまり、個室で家庭的な居住環境にショートステイとする。

2. 介護報酬の見直し・改善

ケアマネージャーは、介護保険制度の要であり、この働きによって、利用者の生活の質（QOL）は大きく変わる。ところが、現状では多くのケアマネージャーが、過剰な数のケースを抱えて苦しんでいる。厚生省の想定では、一人のケアマネージャーが50人の要介護高齢者のケアプランを担当することになっているが、この数ではきちんと訪問して対象者の状態を把握し、本人や家族にサービスの説明を行うことは困難である。

公聴会においても、ケアマネージャーから「家庭崩壊しそう」「家事援助のホームヘルパーを派遣して欲しい」という悲痛な声が聞かれた。ケアマネージャーが適正な業務を行えるよう、単価の引き上げを図らないと、介護保険全体の質の低下につながる。
　グループホームでは、夜間も各入居者の見守りが必要なため、夜勤の体制が必須となる。この現状に対応するために、介護報酬を現状の月25.3万円（要介護度3）から早急に月30万円（同）に引き上げ、夜勤を義務付けする。
　グループホームの自己負担は平均で月12～14万円と推定され、現状では特別養護老人ホームの自己負担6－7万円のほぼ倍であり、比較的裕福な高齢者がグループホームを利用する傾向になっている。似たような症状の痴呆性高齢者が利用するにもかかわらず自己負担が倍も違うのは不公平である。住宅手当（住宅補助）を出すか、建設費補助を行うなどして、グループホームの自己負担を介護保険施設並みに軽減すべきである。
　食事の準備や掃除を始めとする、家事援助のサービスそのものについては、要支援や要介護の高齢者にとって非常に重要かつ必要なサービスであると考える。にもかかわらず、家事援助に対する介護報酬は低く、ホームヘルパーも介護サービス事業者も苦しんでいる。
　適正な事業を確保するためにも、また介護関係職の「やる気」の昂揚、職の定着の意味でも、全体の保険料をアップさせない範囲で介護報酬を引き上げ、ケアマネージャーやホームヘルパーの待遇を改善することが急務である。

3.「身体拘束ゼロ作戦」の徹底
●実態調査と実施の徹底
　早急に身体拘束の実態調査を行う。実態調査なくして、身体拘束が無くせるはずがない。
　身体拘束廃止に向けたノウハウの提供といったソフト面の取り組みも急務である。しかし、それだけでなく、施設に対する指導監査を厳しく行い、基準違反の場合には保険指定の取り消しを行うといった厳しい姿勢で臨むべきである。そのために、「身体拘束ゼロ5ヵ年計画」（仮称）を策定し、身体拘束の廃止の

ために厚生省は毅然とした態度をとるべきである。

　介護保険施設に、「身体拘束をすると介護保険の指定が取り消されます」と書いた「身体拘束ゼロ作戦」の啓蒙のポスターを掲示し、家族や現場の意識改革を行う。

●指導監査結果等の情報を利用者に提供
　利用予定者が、身体拘束をはじめとする施設の処遇状況について判断できるように、指導監査における調査結果内容のうち、利用者個人のプライバシーに関わる部分を除いて公表する。よりきめの細かいものはオンブズマン等に期待することも考えられるが、この取り組みには地方によって差が大きい。既に制度として定着して、毎年行われることになっている指導監査の内容を公表することで、全国的な施設の質の向上に役立つ。

4．痴呆施策の強化

●痴呆ケア人材養成学校を各都道府県に
　21世紀の介護の最大のテーマは痴呆である。グループホームも2004年度までに3200ヶ所の整備が計画されているが、それに見合う人材の育成が不十分である。グループホームは小規模であるがゆえに、従来の施設以上に、痴呆ケアのプロとしての介護職員の研修が必要である。また、ケアマネージャーは介護保険の要であるが、その質のバラツキが問題になっており、充実した研修が求められる。
　そこで、痴呆ケアやケアマネージャーの人材養成学校やコースを各都道府県につくる。たとえば、学生数が減っている高校・大学の空き教室を使って、痴呆ケア人材養成コースをつくる。併せて、現に業務を行っている者の受講を促すための方策について配慮する。

●痴呆の予防教室を全国で
　痴呆についても、その予防教室の効果が明らかになっている。痴呆への理解とともに、痴呆予防への取り組みも活発化させる。痴呆の予防教室を開設する

よう保健所に指導するなど、早急な取り組みを行ってゆく。

● 「痴呆年」の実施

　人材を集め、質を向上させるためには、国民的な理解が欠かせない。寝たきり問題への理解はかなり深まり、寝たきり予防は進んできている。しかし、痴呆についてはまだまだ一般の理解が不十分である。そこで、「痴呆年」を制定し、1年間を通じて痴呆について啓蒙する。それによって、痴呆の予防や痴呆の介護方法などについて国民全体が学べる環境を構築する。

　ちなみに、スウェーデンでは1994年を「痴呆年」と定め、痴呆ついての啓蒙活動を行い、大きな成果をあげた。

● 痴呆性高齢者の要介護認定の適正化

　痴呆性高齢者の要介護認定が軽く出がちである。これに対して、厚生省はソフトの見直しを計画しており、その見直しに2―3年かかると言うが、それでは遅すぎる。日々高齢者や家族は待ちきれない。1次判定ソフトが改善されるまでの期間についても、痴呆性高齢者の要介護認定の適正化が必要である。

　具体的には、二次判定における要介護度の変更事例を示すだけではなく、山口県玖珂郡医師会が出している「元気な痴呆・問題行動例の一次判定補正基準」のような、判定の現場で使いやすい基準を早急に示すとともに、訪問調査員に対する研修を繰り返し行ってゆく。

5．NPO法人が提供する介護サービスを非課税に

　介護サービスの提供者として、市民の活力を引き出すNPO法人の力は大きなものになっている。その普及を促すためにも、NPO法人の介護サービス事業を非課税にする。

　また、単独型グループホームを含めて整備補助の適用対象を、市町村の判断と責任においてNPO法人やシルバービジネス（株式会社や有限会社）にも可能とすべきである。

　ただし、グループホームに対する市町村の監督責任の明確化と市町村への認

可権限の付与など、的確な指導が行える体制作りも併せて必要となる。

6. ショートステイ利用の弾力化など、現場裁量権の拡大
●ショートステイの利用の弾力化

　介護保険の導入により、利用の上限が低いレベルで設定されたことから、ショートステイが利用しずらくなり、多くの家族や介護保健施設が悲鳴をあげている。

　これに対して、支給限度額を訪問通所サービスと一本化することとなっており、システムの改善までの間は、訪問通所サービスとの振替を行う経過措置が取られているが、経過措置は、各市町村が受領委任方式による現物給付化を行わないと、利用者にとっての利用しにくさが解消されない。厚生省は市町村に指導しているが、まだ十分に徹底されていない。早急に全市町村で受領委任方式を取るよう、徹底してゆく。

●現場裁量権の拡大

　介護保険実施からまだ時日が経っていない理由もあろうが、サービス給付の非合理性が目立つ。住宅改造における「敷地」での手すり設置が認められないことは、その一例である。家事援助の内容についての規定も細かすぎ、これでは「措置」に逆戻りの危惧さえ持たれる。

　サービス給付限度額の範囲で「自立」支援に向けてサービスが組み立てられるよう、保険者・現場の裁量権を拡大し、介護保険の柔軟な運用を可能にすべきである。

7. 介護保険制度見直しの場に現場と利用者の生の声を
●介護保険の審議会委員に現場と利用者の代表を加える

　今までの介護保険に関する審議会には利用者やその家族、ホームヘルパー、ケアマネージャーの代表が委員として入っていなかった。3年後の介護報酬見直しと5年後の制度見直しに向けて、これらの現場や利用者の代表を必ず入れるようにするべきである。

●介護職員の待遇と労働条件の向上

　ホームヘルパーの多くは、身分の不安定な登録（非常勤）ヘルパーである。介護保険施設でも、介護保険を契機に常勤職員が減り、非常勤職員が増えている。介護職員が笑顔で利用者に接するためには、安定した待遇と安全で快適な労働条件が不可欠である。

　地域によっては、労働条件の悪さから、資格を持っている人が多数いるのに、働くホームヘルパーが集まらない状況が起こっている。

　グループホームにおいても、夜間も継続的な見守り介護が必要なことから、現実問題として宿直とすることは、労働基準法に違反している。

　制度決定の場に、このような現場の声を反映させ、実態に合った制度とする。

2002年7月18日
3年目の見直しに向けて
民主党　「介護保険への10の提言」について
　　　　質の向上へのインセンティブを！

民主党厚生労働NC大臣　　山本孝史
介護保険をより良くするWT座長　山井和則
同　事務局長　　中村哲治

1．提言
(1) 居住環境のすぐれた介護基盤の整備を。
　～利用したいときに、好みの居住の場を利用できるように～
(2) サービスの質の向上へのインセンティブ。
　～保険者（市町村）がサービスの質に責任を持つ～
(3) 質の高いグループホームの普及。
　～十分な夜勤加算と医療のバックアップ～
(4) 介護労働者の労働条件などの改善。
　～「登録ヘルパー」という呼称の廃止を～
(5) 在宅重視のために支給限度額の引き上げを。

〜施設の最高額まで〜
(6) ケアマネージャーの研修と支援の充実。
　〜在宅サービスを伸ばすために〜
(7) 必要最小限の医療（関連）行為を可能に。
　〜介護職員の業務の拡大〜
(8) 保険料と利用者負担の低所得者対策。
　〜低所得者も安心してサービスを利用できる制度の整備・運用を〜
(9) NPO法人が提供する介護サービスを非課税に。
　〜NPO法人が活躍できる仕組みの整備〜
(10) 質の向上につながる介護報酬の改定を。
　〜社会的入院を増やさないために〜

2. 趣旨

　介護保険がスタートして2年あまりが経過し、来年4月の介護報酬改定に向けての議論や、第2期の介護保険事業計画（平成15年度から5年間）の策定が進められている。
　「介護を社会全体で担う」という趣旨のもと、全体的なサービス利用量の増加、サービス利用者の権利性の拡大、サービス選択の自由の拡大など、介護保険の導入の効果も多々ある。
　しかし、施設サービス希望者の急増、不十分な在宅サービス、ケアマネージャーの機能不全や利用者の囲い込み、介護現場の労働条件の悪さ、人材不足など、介護保険が十分に機能していないために起こる問題点が明らかになっている。
　連合総研の調査（2001年）でも「要介護者に対して憎しみを感じている」介護者の割合は、3人に1人と高く、介護保険以前の調査（平成6年）と変わっていない。つまり、介護家族の負担は、介護保険によってあまり軽減されていない。
　また、利用者本人が要介護状態であること、さらに、サービス量の不足もあいまって、競争原理・市場原理が十分に働いていない。そのため、人件費を切り下げ、サービスの質を落として利益をあげる事業者も増えており、介護保険

の見直しにおいては、質の向上へのインセンティブを組み入れ、サービスの質の担保、評価、監査をしっかり行い、質の向上のために努力した事業者が報われる制度にすることが重要である。

　診療報酬の改定により、今後ますます社会的入院患者が退院を迫られるが、その患者が行き場のない「介護難民」になることが決してないように、在宅・施設サービス、介護付き住宅などの早急な整備が必要である。

　また、雇用創出が大きな社会の要請である今日、介護分野は大きな雇用の場として期待されている。しかし、介護職は、重労働の割に給与が低く、また不安定な雇用が多いことから、生活の安定を得ることができる「職」として確立ができていない。良質な介護サービスを提供するためにも、労働環境の整備は急務である。

　民主党は、介護保険開始後の2000年7月に「介護保険を良くするワーキングチーム」を設置し、過去2年間、30回以上に及ぶ介護現場等からのヒアリングを継続的に行い、2000年9月26日と2001年5月31日に、提言を発表してきた。

　今回提言で取り上げた以外にも多くの改善すべき点があることは承知しているが、介護保険導入後2年の状況や、来年4月の介護報酬改定をにらんで、社会保障審議会介護給付費分科会での議論をふまえ、さらに多角的な視点から主な課題を整理し、論点を絞り込んで「10の提言」を新たにまとめた。

　なお、2005年の介護保険制度の制度見直しに向けては、更に次のような根本的な課題について、引き続き議論を行わなければならない。

・介護保険と障害者福祉との連携の強化と相互の調整。
・20歳以上の所得ある人々への加入年齢の引き下げ。
・5段階保険料や支給限度額方式の見直し。
・介護・看護・医療の連携、役割分担の見直しと明確化。
・各サービス間（医療系と福祉系、在宅と施設）の不均衡の調整。
・介護予防活動の強化。
・抜本的な低所得者対策。
など。

3. 介護保険導入2年の問題点と課題

・施設志向が強く、待機者が急増した（在宅サービスの利用も伸びてはいるが）。
・サービスの質の低下が懸念される（採算優先の人件費削減で質の軽視）。
・施設と在宅の自己負担の格差が大きい。
・施設やグループホームが大幅に不足しており、利用者が選べない。
・介護職員の労働条件が悪い（低い報酬、不安定な雇用など）。
・ケアマネージャーが十分に機能していない。
・事業者によるサービス水準のバラツキが大きい。
・保険料と利用料について、低所得者対策が不十分であり、世帯考慮による不公平がある。
・必要に迫られて、介護職員による医療行為が行われている。
・介護報酬の改定について帳尻合わせの議論（必要性ではなく、全体として増減なしとする）。

〈提言〉

(1) 居住環境のすぐれた介護基盤の整備を
　〜利用したいときに、好みの居住の場を利用できるように〜

　介護保険の理念は、「必要な時に、必要なサービスを、利用者が選択して利用できる」ということである。しかし、介護保険施設の現状は、その理念からほど遠いものがある。

　特に、特別養護老人ホームは待機期間が長く、待機中に状態が悪化して、入院したり、死亡するケースも少なくない。好みの施設を選ぶどころか、逆に施設が利用者を選ぶ場合すらある。

　これでは、国民の介護不安がますます増すばかりであり、介護基盤を早急に整備すべきである。

　しかし、従来のような施設を増やすのは21世紀にはふさわしくない。「自宅でない在宅」を推進すべきである。これは、自宅でもない、施設でもない、「第

3のすまい」とも言えるもので、「介護付き住宅」と呼べる。具体的には、新型特別養護老人ホーム（全室個室ユニット型）、グループホーム、ケアハウス、宅老所などがこれにあたる。

　スウェーデンでも1990年代に「施設から在宅へ」という流れがあったが、この時も、高齢者を「自宅」で介護し続けたのではなく、個室の老人ホームやグループホーム、介護付き住宅などを大量に整備した。

　21世紀の高齢社会において使われる「在宅重視」とは、国際的に見ても、「自宅でない在宅」重視、つまり、介護付き住宅の重視である。

　また、地域においてデイ・泊まり・滞在という「小規模多機能な地域密着サービス」を提供して介護を支える宅老所は「居心地がよい」と好評であり、その普及は、老いても住み慣れた地域で暮らせる社会づくりのために重要である。

　これらのことから、次のことを提言する。

・グループホーム、宅老所、ケアハウス、個室ユニット型の新型特別養護老人ホーム、介護サービスが受けやすい公営住宅などの「居住の場」を整備する。
・今後新築する特別養護老人ホームは、新型特別養護老人ホームに限る。
・既存の施設のユニット化を進める。
・グループホームやケアハウスは、「通過施設」ではなく、必要に応じて、ターミナルまで対応できる「ついの住処」となるようにする。
・宅老所の泊り、滞在機能にも介護保険を適用する。
・アパートなどに要介護高齢者を集め、まとめて介護を行っているケースがあるが、密室で質の低下を招き、虐待や事故につながりかねないので、有料老人ホームの基準に満たないものでも届け出を義務付け、その実態を公表するべきである。

(2) サービスの質の向上へのインセンティブ
　〜保険者（市町村）がサービスの質に責任を持つ〜

　介護報酬は「1つのサービスについていくらの報酬」という原則であり、必ずしもそのサービスの質は問われない。本来ならば、市場原理や競争原理により、「質の低いサービス」は利用者から排除されるべきであるが、実際には、利

用者本人が寝たきりや痴呆性高齢者であり、また施設なども絶対量が圧倒的に不足しており、市場原理に任せるだけでは、質の担保はできない。それどころか、人件費を抑制し、サービスの質を落とすほど、利益があがるということになりかねない。

このような質の低下への歯止めをかけないと、良心的な事業者よりも、人件費を必要以上に抑制して質の低いサービスを提供する事業者が利益を多くあげ、事業を拡大し、質の悪いサービスが拡大するという問題を生みかねない。「悪貨が良貨を駆逐する」状態では人材も育たず、介護保険の存在意義が問われる。

特に、介護保険施設に関しては、慢性的な不足状態であり、利用者が選べる状況には全くなく、少なくとも施設サービスについては、競争原理や市場原理は働かず、それらによる質の担保はされない。つまり、悪いサービスでもその施設は繁盛する。

厚生労働省の介護事業経営概況調査（平成14年発表）では、特別養護老人ホームの利益率が介護保険以前に比べて-5.6％から+13.1％と大幅にアップし増収に転じたが、その反面、人件費率は69％から55％へと大幅ダウンし、人件費を抑制することによって利益をあげている特別養護老人ホームの実態が浮き彫りになった。

施設の経営努力は必要であるが、人件費を削減しての行き過ぎた質の低下には歯止めをかけねばならない。

よって、質の向上のためには、保険者（市町村など）が、介護サービスの質に責任を持たなければならない。このためには、市町村などがNPOと連携して、しっかり質をチェックし、指導する必要がある。質の評価や監査を強化すると共に、質の低いサービスについては、介護報酬の減額や、著しい場合には事業者指定の取り消しを行うべきである。

保険者機能を強化し、介護困難者へのサービスの提供、ケア・カンファレンス実施体制の構築、第三者機関による苦情対応機関の設置などを行い、自治的な機能の確立を図る必要がある。

以上を踏まえ、次のことを提言する。

・「身体拘束ゼロ作戦」の徹底を行う（やむをえず身体拘束を行う場合は市町

村への届出を義務付ける）。
・保険者機能を強化し、市町村がサービスの質に責任を持ち、指導できる法的根拠を明確にする。
・サービスの質の評価を行政やNPOなどが頻繁に行い、公表する体制をつくる。
・選択が可能なレベルまでサービスの量を増やす。

(3) 質の高いグループホームの普及
　～十分な夜勤加算や医療のバックアップを～

　介護保険施設の待機者が多く、その７割以上が痴呆性高齢者である。また、大規模な施設の大幅増設は、特に都市部では土地の確保が難しく、ノーマライゼーションの見地からも、グループホームや宅老所などの小規模な居住の場を急速に増やすことが必要である。

　特に、グループホームは痴呆ケアの切り札として、期待が大きい。数が足りないだけではなく、利用者負担が特別養護老人ホームの２倍程度以上であること、質にもばらつきがあること、ターミナルまでの対応が難しいこと、など、様々な問題点がある。

　また、グループホームでは、「宿直」の名目でも、十分な仮眠時間が取れず、労働基準法上「夜勤」とみなされるケースが多い。

　更に、介護事業経営概況調査でも、グループホームの介護職員（介護福祉士を除く）の平均給与は、夜勤手当を含めても月185,000円で、特別養護老人ホーム（同211,000円）よりも安く、この給与で痴呆ケアの専門職を雇いにくい現状である。

　「質の高い」グループホームの急速な普及のためには、次の点が重要である。
・十分な夜勤加算をつけて、合法的に夜勤体制が組めるようにする。
・必要な医療を確保する（訪問看護の利用を認めるなど）。
・在宅サービスとして、福祉用具のレンタルを可能にする。
・新型特別養護老人ホームのホテルコストに対する低所得者対策と同様の対策をグループホームにも適用する。

(4) 介護労働者の労働条件などの改善
～「登録ヘルパー」という呼称の廃止を～

　質の高い介護サービスは、質の高い介護職員によってもたらされる。そして、安定して働き続けられる仕事でなければ、質の高い、プロフェッショナルな介護職員は増えない。これは介護保険がうまくゆく鍵である。

　にもかかわらず、重労働だが安い給料の実態があり、更に、施設でも在宅でも身分の不安定な多くの非常勤職員、中でも、いわゆる「登録ヘルパー」が増えているが、「登録」という名称であっても、実際には通常の雇用関係である。登録ヘルパーをはじめとする、短時間労働のホームヘルパーの労働問題については、「行政監察結果報告書」（平成7年）において、既に問題が指摘されていたが、これまで有効な対策が取られてこなかった。

　そこで、次のことを提言する。
・「登録ヘルパー」という呼称を廃止して、適正な労務管理により労働条件を安定させる（社会保険適用、移動時間やキャンセルに対する賃金支払いなど）。
・介護を一生の仕事としてプロフェッショナルとして働けるような待遇改善（給与）を行う。
・事業者指定の資格の要件に、労働安全衛生や労働条件などの労働関係条項を組み入れる。

(5) 在宅重視のために支給限度額の引き上げを
～施設の最高額まで～

　在宅サービスの利用状況は、平均すると支給限度額の約4割である。しかし、要介護5の寝たきりの高齢者は、今の支給限度額では必要十分な介護が受けられず、一人暮らしを続けられない。また、要介護度が低い痴呆性高齢者の場合、十分なデイサービスなどを今の限度額では利用できない。

　いずれのケースも、在宅サービスがもう少し多く利用できれば在宅生活を続けることが可能だが、支給限度額に阻まれて、施設に入らざるを得なくなっている。

また、来年4月からの報酬改定により、訪問介護などの介護報酬が上がることが考えられる。この場合に、利用できるサービスの量が減ることを防ぐためにも、支給限度額の引き上げは必須である。
　さらに、今の水準を保つだけでなく、在宅と施設の不均衡をなくす意味からも、在宅での利用限度額を引き上げることが必要である。
　支給限度額の引き上げに対しては、「介護保険料がアップする」という批判がある。しかし、支給限度額の引き上げによって、施設入居が回避されれば、実際に使われる介護保険財源は少なくなるのだから、この批判は当たらない。
・施設に入った場合に利用できる最高額と同じ額まで、在宅での支給限度額を引き上げる。
・「施設志向」の流れに歯止めをかけ、高齢者の在宅生活を支援するためには、ケアマネージャーとホームヘルプ（家事援助）の介護報酬をアップさせる必要がある。

(6) ケアマネージャーの研修と支援の充実
　　〜在宅サービスを伸ばすために〜
　ケアマネージャーは、「介護保険の要」であり、利用者を総合的に把握して支援することが求められているが、これまでは、低い報酬や過重な業務と相まって、期待される業務を十分に行えているケアマネージャーは少ない。
　実際、在宅のケアプランの約半数が、1種類しかサービスが組まれておらず、ケアカンファレンスが行われていないケースも多い。施設希望者が増える一つの原因は、このように適切な在宅サービスの提供が行われていないからである。
　ケアマネジメント業務が適正に機能するように次のように改善し、在宅サービスの利用を促進していかねばならない。
・専従のケアマネージャーが30人程度の利用者を担当し、給付管理業務も加味して、独立して開業できる程度に介護報酬を引き上げる。
・必要に応じてケアカンファレンスを開催できる体制づくりを、保険者（市町村）は進めるべきである。

(7) 必要最小限の医療（関連）行為を可能に
　　〜介護職員の業務の拡大〜
　要介護の高齢者は、たんの吸引やじょく瘡の処置等、何らかの医療的なケアが必要な場合が多い。また、外用薬の塗布や爪切りなども、自分でできない場合、誰かが行わなければならない。これらは医療行為として、看護婦や家族は行えるが、介護職員が業務として行うことは禁止されている。
　一方、これらの行為を、在宅であれば家族が、施設であれば限られた看護職員がすべて行うのは、現実的に無理である。そのため、実際には、非合法で介護職員が医療行為を行っているケースが黙認されていることは周知の事実である（連合総研の調査でも、ホームヘルパーが必要に迫られて医療行為を行っており、また多くの家族が今後も行われることを期待している）。
　在宅のALSなどの患者にとっては、たんの吸引などの医療行為が家族の過重な負担となっているにもかかわらず、介護職員には認められていない。このような実態に合わない制度のために在宅生活が困難になっている患者も多い。
　民間のシンクタンク「ヘルスケア総合政策研究所」の調査（平成13年）では、「ホームヘルパーや施設の介護職員の約9割が医療行為を行ったことがある」と報告されている。また、行政監察結果報告（平成11年）でも、ホームヘルパーによる医療行為の必要性が指摘されており、「厚生省は、介護等サービス業務の充実及び効率化を図る観点から、身体介護に伴って必要となる行為をできる限り幅広くホームヘルパーがとり扱えるよう、その業務を見直し、具体的に示す必要がある」と指摘されている。
・医師・看護師の包括的な指示を前提として、たんの吸引、点眼、つめ切り、血圧測定、外用薬の塗布などの、自宅であれば同居家族が行うような行為について、新たに一定の看護研修を必要に応じて受けた介護職員には行えるようにする。

(8) 保険料と利用者負担の低所得者対策
　　〜低所得者も安心してサービスを利用できる制度の整備・運用を〜
　「社会で支えあう」という介護保険の理念からすれば、基本的には保険料も

利用料もその所得等に応じたものとすることが妥当だが、所得や資産が把握できない現状では、困難である。

保険料徴収の基準で市町村民税が世帯非課税である第二段階や、第一段階で生活保護を受けていない層などでは、保険料が過重な負担となって生活を圧迫している。

根本的には、年金など高齢者の所得保障などとの関わりで総合的に対処すべき部分ではあるが、当面、申請に基づく個別の減免など、次のような対策を、制度見直しの2005年までの時限措置として行うべきである。その際、財政的な裏づけは、その趣旨から、生活保護などの施策に準じて国の責任で行う。

・いわゆる「神戸方式」（1．減免の条件を明確に決め、2．申請に基づいて個別に審査を行い、3．その資産状況や実際の支払い能力等において減免を行う）のように、介護保険制度の中で可能な保険料の減免と、どの保険者（市町村等）でも当然実施するように徹底する。
・貸付制度の創設。
・生計困難な人に対する利用者負担の減免（事業者による減免の拡充）。

(9) NPO法人が提供する介護サービスを非課税に
　～NPO法人が活躍できる仕組みの整備～

特定非営利活動法人（NPO法人）は、市民のニーズに合致し、新しく多様できめ細かな社会的サービスを供給する主体として、また、市民による自由な社会貢献活動として、その育成を支援する必要がある。昨年、形式的にはNPO法人に対する税制措置が取られたが、現実に使えない制度であるため、民主党は、客観的な基準により、多くのNPO法人が税制支援策を受けることができる制度としてゆくことが必要だと考えている。

介護サービス事業は、広域活動を前提とした現行のNPO税制の枠には入らないが、その地域における活動の有効性は大きく、また社会的にもその活動が理解されやすいことから、NPO税制を変える導入路として、次のことを行うことが必要である。
・NPO法人が、社会福祉法人に認められている低所得者に対する利用料減免を

実施できるようにし、併せて介護サービス事業に対する課税を社会福祉法人と同等とする。

(10) 質の向上につながる介護報酬の改定を
　　〜社会的入院を増やさないために〜

　来年4月の介護報酬の改定において、「ある介護サービスの報酬をアップさせるなら、その財源を他の介護サービスの報酬を引き下げることによって賄う」という「財政中立」の考え方がある。

　確かに、国も地方も厳しい財政状況であるが、介護報酬を低く抑制した結果、介護保険が十分に機能しなければ、より社会的コストが高い社会的入院が増え、結果的に、財政を悪化させることになる。あくまでも、介護報酬の改定は、良質な介護サービスの提供に見合う報酬に改定するという視点で行われるべきであり、現状の経営状況のみならず、十分な質のサービスが提供されているかどうかも併せて検証すべきである。

　その結果、介護報酬が上がるサービスがあれば下がるサービスもあるのは当然であり、診療報酬の改定のように、最初から総体がマイナスやプラスマイナスゼロと決めるべきではない。

　事業者に利益が出ていても、単純に介護報酬を下げるのではなく、その質の向上のために利益を還元させる誘導策も検討するべきである。

　過度の介護報酬の抑制は、介護の質の低下と人材難を招き、介護保険を崩壊させる。

　もともと2年前の介護保険開始時に設定した介護報酬は、仮定に基づくものであり、今回はデータを基に、必要に応じて上下させないと、適正な水準にならない。

　また、来年度の介護保険料の改定については、要介護高齢者の自然増やそれに伴うサービス提供量の増、また、サービスの質や介護労働者の労働条件を確保するための介護報酬の引き上げによる介護保険料アップは止むを得ない。介護基盤の整備は雇用創出、景気対策の一環として積極的に行うべきだ。

　しかし、医療保険適用であった療養型病床が介護保険適用に安易に転換する

ことによる保険料アップは、単なる医療保険から介護保険への老人医療費の付け替えに過ぎないので、最小限に抑え、認める場合は、「生活の場」としての療養環境の向上を義務付けるべきである。

　老人医療費の伸びを抑えるために、老人医療費を安易に介護保険に付け替えることを認めることは、住民にとっては、実際には、サービスが増えないのに介護保険料が急騰することになり、介護保険の崩壊につながりかねない。
・ケアマネージャー、ホームヘルパー（家事援助）の介護報酬の引き上げを行い、グループホームには十分な夜勤加算をつける。
・特別養護老人ホームは、介護報酬を据え置き、人員配置基準の引き上げを行うべきである。つまり、特別養護老人ホームに利益が出ているからといって、一律に介護報酬を減額するのではなく、現在、利用者：介護職員＝4.1：1、3.5：1、3：1の3類型であるものを、3.5：1、3：1、2.5：1に変更することによって、利益を質のアップに還元させ、職員を増やし、質の向上に努力している施設を優遇し、良心的な施設のやる気を失わせないようにする。
・ユニットケアを行う施設には、利用者：介護職員＝2.5：1を義務付ける。
・介護保険料のアップについては、介護サービスの質と量のアップのためには必要だが、老人医療費の肩代わりはすべきでなく、医療保険適用の療養型病床の介護保険への転換に際しては、「生活の場」への療養環境の向上を条件とする。

介護をより良くするワーキングチーム　活動報告

（2001年5月31日に前回の提言を発表して以降）
2001年6月12日　「民主党介護保険見直しへの10の提言について」　厚生労働省との意見交換。
　　　8月9日　「介護労働実態調査報告について」厚生労働省からのヒアリング。
　　　10月4日　「介護保険の報酬及び制度の見直し、保険料全額徴収につい

て」厚労省からヒアリング。

10月11日　「介護保険制度と障害者福祉について」日本アビリティーズ協会からのヒアリング。

10月18日　「ホームヘルパーの業務と介護報酬について」東京ケアユニオンからのヒアリング。

10月25日　「ケアマネージャーの業務と介護報酬について」ケアマネージャー等からのヒアリング。

11月1日　「グループホームの業務と介護報酬について」グループホーム施設長からのヒアリング。

11月8日　「ケアハウスの現状と課題について」ケアハウス施設長からのヒアリング。

11月15日　「老人保健施設の現状と課題について」全国老人保健施設協会からのヒアリング。

11月22日　「介護療養型医療施設の現状と課題について」介護療養型医療施設連絡協からヒアリング。

11月29日　「特養ホーム・デイ・ショートステイの現状と課題について」全国老施協からヒアリング。

2002年3月26日　「社会保障審議会介護給付費分科会の審議状況について」厚生労働省からのヒアリング。

3月16日　「介護事業経営概況調査の結果について」厚生労働省からのヒアリング。

3月25日　「訪問介護事業・居宅介護支援事業の現状について」NPO法人からのヒアリング。

3月30日　「登録ヘルパーの労働実態と課題について」ゼンセン同盟からのヒアリング。

6月6日　「特別養護老人ホームの現状について」特別養護老人ホーム職員からのヒアリング。

6月13日　「グループホームの現状について」全国痴呆性高齢者グループホーム協会からヒアリング。

6月21日　「介護保険制度の実施状況について」龍谷大学池田省三教授からのヒアリング。
6月27日　「介護保険の実施状況について」滋賀県地方自治研究センターからのヒアリング。
7月4日　「介護保険改正への民主党提言案の検討」。
7月10日　「介護保険改正への民主党提言案の検討」。

2004年6月10日　民主党「介護保険への提言」(案)〜5年目の改正に向けて〜

1. 制度改正に向けた具体的提言
　　〜質の高い介護サービスの供給〜
(1) 要介護になりにくい、重度化しにくい社会状況づくり。
(2) 不適切な給付を適正化し、無駄をなくして必要な介護を受けやすく。
(3) ケアマネジャーの機能強化。
(4) 小規模多機能ホーム等、居住環境に優れた介護基盤の早急な整備。
(5) 在宅や居住施設等で必要な医療(関連)行為を受けやすく。
(6) サービスの質の向上に向けての総合的な取り組みを。
(7) 介護労働者の労働条件などの改善。
(8) 成年後見などの権利擁護事業の充実化を。
(9) NPO法人が提供する介護サービスを非課税に。

2. 制度見直しに関する当面の課題(中間まとめ)
(1) 現行制度上の問題。
　〜無理なく払える保険料・利用料〜
(2) 制度の抜本的見直し。
　〜年齢によらない社会的介護と障害者の自立・社会参加の実現〜
　〜高齢者虐待防止法の制定を！〜

1．制度改正に向けた具体的提言
～質の高い介護サービスの供給～

(1) 要介護になりにくい、重度化しにくい社会状況づくり

(現状) 介護が必要な状況になっても必要なサービスを受けて自分らしく暮らせる介護保険の仕組みづくりは重要である。個人に注目すれば、最期まで元気で自立した人生を送ることができることが好ましい。これは介護保険財政の軽減につながり、社会的な利益とも一致するが、介護保険サービスの不適切な利用や、予防的措置の不十分さにより、身体機能や痴呆のレベルが低下して、自立から要支援に、また要支援から要介護に重度化するケースが見られる。

一方、生活に必要な筋力を維持するトレーニング（パワーリハビリ）や、痴呆予防教室での活動が、介護予防に一定の効果が見られるとの報告もあるが、住民が希望しても、うけることができる自治体は限られている。

(方向性)
・全市町村において、住民が希望すれば介護予防（パワーリハビリ等）・痴呆予防（早期痴呆予防教室等）が受けられるよう、事業を実施。
・介護・痴呆予防についての検証を続け、より効果的な手法の開発とともに、評価方法を整理。

(2) 不適切な給付を適正化し、無駄をなくして必要な介護を受けやすく

(現状) 介護保険の利用が全体としては順調に伸びる中、赤字市町村が発生する一方で、不要なサービスが組み込まれていたり、逆に必要なサービスが提供されないために入院を余儀なくされるなど、不適切なケアプランを元にしたサービス給付が問題になっている。

(方向性)
・ケアマネジャーの機能強化（提言(3)）により、適切なケアプランを確保
・特に福祉用具等在宅介護サービスの適正化にあたっては、一律に基準を押しつけるのではなく、現場において、理学療法士、作業療法士等の専門職の助言を受けて、適切なサービスをケアマネジャーが選択できるよう、資質の向上と手続きの改善を図る。

・保険者（市町村）がサービスの質に責任を持って不当なサービスをチェックして不適正なケアプランには厳しく対処する。
・一方で、限度額を超えるケース等においても、必要に応じて、市町村の判断で全額保険給付を認める等柔軟な給付を可能とする。
・高価な輸入製品が多い福祉用具について、規制緩和等により、より低価格な国産品の開発を促す。

(3) ケアマネジャーの機能強化
(現状) ケアマネジャーは、介護保険の要として位置づけられ、介護プランの作成を担当してきた。ところが、事業者からの独立性の不足や個人の能力のバラツキ、50件を大きく超える過重な負担などにより、適正なケアマネジメントが必ずしも行われていない例も少なからずみられる。
(方向性)
・制度の見直しにおいて必要な書類を減らし、業務上の事務量を大幅に削減
・ケアマネジャーが最新の情報を得て、マネジメント能力を維持向上するために、地域ごとに定期的な研修を実施。
・ケアマネジャーの中立性を確保し、困難事例等を支援するため、地域のネットワークづくりを強化。
・不適格なケアマネジャーを排除するための資格の更新制の検討。

(4) 小規模多機能ホーム等、居住環境に優れた介護基盤の早急な整備
(現状) 現状では、4人部屋の特別養護老人ホームでも待機者が多く、施設を利用したい時に利用できないことへの恐れから、まだ在宅で過ごせても、万一を考えて施設への申し込みをするケースが多い。
　また、痴呆介護の重要性は認知されてきたが、現場での対応は未だ十分とはいえない。
(方向性)
・利用したいときに好みの居住の場を最期まで利用できるよう、小規模多機能ホームやグループホーム、個室ユニットケア型施設等の地域の介護基盤を

整備。
・小規模な介護においては、介護者一人一人のスキルとモラルについて、集団での介護とは異なる部分があることから、このための人材養成を重点的に実施。
・養護老人ホームについても、状態の変化により特養に移る必要がないよう、介護保険の利用を可能とする。

(5) 在宅や居住施設等で必要な医療(関連)行為を受けやすく
(現状)居宅やグループホーム等で吸などの医療行為が必要な方の介護やターミナルへの対応等において、医療的な措置の必要性が増しているが、現状の医療提供体制ではその需要に十分に応えることができず、違法措置になる可能性も承知しながら、介護職員が何の研修も受けずに、吸痰等の医療行為を行っている例も多い。
(方向性)
・地域医療のネットワーク化を進め、緊急時の医療アクセスを改善。
・一定の研修を受けた介護職員が独自に行える医療性のある生活関連行為、医療従事者の指示の下で行える医療関連行為と必要な研修内容を明確化。
・看護師についても、一定の研修や経験等の基準を前提として、自己判断で行える業務を拡大。
・グループホームにおいて、訪問看護の通常利用を認める。

(6) サービスの質の向上に向けての総合的な取り組みを
(現状)介護保険導入により、民間事業者の参入などもあり、サービス量は増えてきた一方で、サービスの質の低下が懸念されている。また、都道府県による監査も事業者の増加に対応できていないところも多い。
(方向性)
・第3者評価と情報公開を更に進め、事業者がサービスの質で選ばれる環境を構築する。
・良質のサービスを支える人材を養成し定着させるための施策を充実する。((2)、

(6) 参照）
・監査や立入指導についても、都道府県だけでなく、より身近な保険者も分担して行うことにより、きめ細かいチェックをするとともに、監査結果については公開する。

(7) 介護労働者の労働条件などの改善
（現状）介護労働者の離職率が高く、やる気がある職員の燃え尽きも見られる。介護をする側に余裕がなくなると、身体拘束や虐待などの問題も起こりやすくなる。
　連合などの調査によると、感染症への対策がきちんと取られている職場は4割という結果も出ており、職員を媒介した感染症の流行も懸念される。
（方向性）
・登録ヘルパーの移動時間への対価支払いやキャンセル時の手当て、施設やグループホームでの時間外労働賃金の支払い等、労働関係法令が厳守されるように徹底。
・介護労働者の資質向上とモチベーションの維持のためには、継続的に研修を受けてステップアップできる環境を整える。
・介護・看護職員に対する感染症についての講習と具体的な対策の徹底。
・人員配置も含めた抜本的な改善を行い、介護労働者が誇りを持って、安定した生活をする労働環境を整える。

(8) 成年後見などの権利擁護事業の充実化を
（現状）在宅サービスを利用するのか、それとも、施設サービスを利用するのかは、本人（痴呆性高齢者など）が、自ら決すべきことである。在宅での暮らしを本人が望んでいるにもかかわらず、家族主導で施設サービスを利用することになったのでは、その施設サービスがいくら充実したものであったとしても、本人には不幸なことである。
（方向性）
・家族の反対があっても、本人の自己決定権・選択権を実質的に保障していけ

るように、成年後見制度をはじめとした権利擁護事業の充実化を図っていく。
・判断能力に欠ける痴呆性高齢者の介護保険利用には、成年後見が不可欠の前提であり（成年後見によらない契約は無効）、法的見地からも対策は急務。

(9) NPO法人が提供する介護サービスを非課税に
(現状) 特定非営利活動法人（NPO法人）は、市民のニーズに合致し、新しく多様できめ細かな社会的サービスを供給する主体として、また、市民による自由な社会貢献活動として、その育成を支援する必要がある。形式的にはNPO法人に対する税制措置が取られているが、近隣地域での活動を主体とする介護サービスを提供するNPOには使えない制度である。
(方向性)
・客観的な基準により、多くのNPO法人が税制支援策を受けることができる制度とする。

2．制度見直しに関する当面の課題（中間まとめ）

(1) 現行制度上の問題　〜無理なく払える保険料・利用料〜
(現状) 介護保険の保険料は、1号被保険者では、5または6段階になっており、低年金の層において、過重な負担となっている。特に、第1段階で生活保護を受けていない世帯及び、第2段階のうち、収入が少ない層では、毎月の年金の約1割が保険料として徴収されることになり、負担感は大きい。

また、介護保険は個人単位の給付であるにもかかわらず、保険料徴収においては、世帯収入を基準としているため、本人に収入がなくても同一世帯の家族に給与収入があるために、保険料が高くなる場合があり、不合理である。

利用料についても、グループホームや個室ユニット型の特養において、ホテルコストが払えないために実質上低所得者が利用できない例がある。

ただし、高齢者の中には、所得は少なくても土地家屋等の資産を保有している例も多く、所得だけを理由に一律に減免するのは不適当。

(方向性)
・第1号被保険者の保険料の負担について、全体を整理しなおし、より個人の所得比例に近い形に変えることを検討。
・資産のある低所得の高齢者については、公的なリバースモゲージを積極的に推進することにより、所得の上乗せを図る。
・低所得者でもグループホームや個室ユニット型の特養が利用できるよう、ホテルコスト部分についての補填を生活保護に準じて実施。

(2) 制度の抜本的見直し
　～年齢によらない社会的介護と障害者の自立・社会参加の実現～
(現状) 40歳以下からの保険料徴収と、65歳以下への保険の給付については、介護保険制度の導入時にも議論があり、5年目の見直しに向けて積み残しとなっていた問題である。
　しかし、現在の介護保険は、あくまで「介護」の保険であって、生活全体を支える障害者福祉サービス全体を置き換えることはできないことから、障害当事者の方々からは、介護保険の上限でサービスが切られてしまうのではなかという懸念の声が強い。
　また、若年者の失業率が高い中、保険料の支払い義務を20歳以上に拡大した場合には、未納問題が発生するという懸念もあるが、一方で、現在の被保険者の保険料の急増が危惧される。
(方向性)
・介護ニーズを社会全体で支えるという理念からは、被保険者と給付対象者の拡大は、必然の方向性である。
・介護保険で提供されるのは、障害者福祉施策のうち、介護保険と共通化できる部分だけであり、既存の障害者福祉サービスを減らすものではないことを明確にする。
・身体・知的・精神の3障害の方々、また難病等も含め、日常的に障害のある、介護が必要な人たち全てを給付の対象とする。

〜高齢者虐待防止法の制定を！〜
（現状）介護保険導入後も、家庭において介護者による殺人や、心中を図ったとの報道が後を絶たない。また、施設における身体拘束や、お金の着服なども相変わらず多い。これらの虐待の原因としては、虐待に対する自覚のなさや、介護の大変さ、社会からの孤立などが大きな原因となっている。
（方向性）
・施設や家庭における悲惨な虐待事件をなくし、障害を持っても安心して生活をできる環境作りのために、虐待防止法を制定する。
・法律の中で、虐待が疑われる場合の立ち入りのための環境整備、緊急保護のためのショートステイの確保、虐待をしてしまう人へのサポート等の総合的な対策をとる。
・同様の問題があり、対象者も重なるところがある障害者の虐待防止法や、既存の法律も含めた総合的な虐待防止法の制定も併せて検討。

2005年6月16日
介護保険法賛成討論
参院厚労委（6/16　15：00）

　民主党・新緑風会の山本孝史です。介護保険法改正案に賛成する立場から討論を行います。

　介護保険は施行から5年が経過し、高齢者の介護を支える制度として、国民の多くが支持するものとなりました。負担増や利用状況の見直しに対する利用者の心情は理解できますが、介護保険を梃子に、地方主権と地域づくりをめざす民主党は、本改正案で示された高齢者介護の将来像は支持できる内容だと考えます。以下、賛成する主な理由を述べます。

　第一に、介護保険制度発足とともに、老人福祉の表舞台から退いた市町村に、保険者として再度、高齢者介護の中心的役割を果たすよう求めることは妥当な措置です。市町村の責任のもと、地域包括支援センターを核に、多職種協働や地域の介護資源の最大限活用によって、健康長寿を実現し、尊厳をもって終末期を過ごせる体制の構築を目指すべきです。民主党の求めによる法案修正によ

って、予防給付や地域支援事業は3年後に検証が加えられ、財源面でも一定の歯止めがかかっていること、権利擁護が市町村の必須事業に改められたことも評価します。
　第二に、軽度者を対象とした新予防給付制度の創設は、介護保険制度本来の姿に戻ろうとするものであり理解できるものです。必要な家事援助をカットするものではなく、筋トレが強要されることもないとの確約もなされました。また、専門家の指導の下、個々に作成されたプログラムに基づく筋力向上トレーニングの有効性は認識されるところとなったと受けとめています。
　第三に、特養を中重度者向けの施設とすることなど、中重度者の介護施設確保の方針が示されるとともに、大規模介護施設よりも、民家や既存の施設を活用しながら、特養や診療所と連携した小規模多機能施設を展開しようとすることは、より自宅に近い環境での介護サービスの提供を目指すとの観点から支持できるものです。施設環境のいっそうの改善が望まれます。
　この他、介護労働者の労働環境の改善、専門性を重視しての人材育成と資質の確保、サービスの質の向上に向けての情報開示の強化、制度運営への保険者や被保険者の参画の拡充などについても、我が党の確認答弁を通じて、一定の前進が見られました。
　なお、今後の65歳以上人口の急増を見定めつつ、在宅と施設の利用者負担の公平化のために、居住費負担を求めることは止むを得ないと受け止めます。低所得者であっても介護施設に入所できるよう、また保険料や自己負担費用の急激な増額を避けるように、各般の措置が講じられるとの確認答弁がなされました。きめ細かな対応を再度求めます。
　介護保険制度は、医療保険制度から分立したことの残滓を引きずり、厚生労働省において、年金や医療を含めた社会保障制度改革への腰が定まらないことや、経済財政諮問会議に代表される財政優先論への有効な反撃がなされていないこともあって、多くの課題を内在化させています。
　介護保険制度はいまだ発展途上にあると言えます。民主党は、そのような介護保険制度を不断に改善しながら、すべての要介護状態にある者に良質の介護サービスを提供する制度へと発展させる決意であることを申し上げ、賛成討論

とします。

2006年12月13日
民主党　介護保険への緊急提言

『次の内閣』ネクスト厚生労働大臣　三井　辨雄
介護問題御用聞きチーム主査　山井　和則
介護問題御用聞きチーム副主査　下田　敦子

　介護保険は、いま危機的な状況にある。介護予防の導入によるサービス切り下げ、介護ベッドや電動車椅子などの福祉用具の貸しはがし。そして、受け皿がないのに、療養病床から退院を迫られる要介護者も増えている。一方、介護現場では、介護職員の人手不足はますます深刻化し、その背景には、低い賃金や労働条件がある。また、ケアマネジャーも必要書類の増加に伴う、デスクワークに忙殺され、収入も減り、苦しんでいる。

　今回の介護保険改正により、「介護の社会化」という当初の理念は変質した。家族が同居していることを理由に家事援助を断られるなど、特に介護予防では、「自己決定」「サービスの自己選択」は困難な状況である。また、介護施設やグループホームでは、自己負担の増加に伴い、低所得者は入居困難になり、福祉の理念に反していると言わざるを得ない。

　一方で、希望者が少なく、閑古鳥が鳴く介護予防の筋力トレーニングを自治体は推奨している。

　介護保険改正の法案審議の中での「介護予防により要介護度は軽くなる」などという答弁にも明らかに反する実態になりつつある。このような危機的な状況に対して緊急提言を行う。

1. 「介護予防」という名のサービス削減を防ぐ—早急に実態調査を！
2. 介護ベッド・車いすの「貸しはがし」をストップ。
3. 介護の場を追われる高齢者を出さない〜療養病床再編に対して激変緩和措置を。
4. 要介護認定のバラツキをなくす。
5. 魅力ある労働環境の整備を！

6. 良質なケアが実現可能な人員配置基準に。
7. ケアマネジャーが利用者本位のマネジメントができるように。
8. 良質なグループホームを増やす。

民主党　介護保険への緊急提言（2006年）

1. 「介護予防」という名のサービス削減を防ぐ─早急に実態調査を！

　介護保険改正により、介護予防に見直し認定を受けた高齢者では、ホームヘルプやデイサービスなどのサービス削減が増え、閉じこもりや自殺を招く深刻な事態となっている。また、同居者がいることを理由に一律に家事援助が打ち切られ、介護者の疲労やストレスが虐待につながりかねない事態にもなっている。

　これらは、「介護予防」の名を借りた利用制限であって、本来の趣旨の介護予防になるように適切なサービスが提供されるべきである。間違ってもサービス削減で要介護度が悪化することや家庭崩壊を招くことがあってはならない。介護予防への転換による個々のサービス利用の増減や要介護度の変化について早急に実態調査をすべきである。

　また、介護予防ケアプランの介護報酬が安価なため、特に軽度の高齢者のケアプラン作成の引き受け手が無くなりつつある。ケアプランを利用者などが自ら作成することの普及啓発や予防プラン作成報酬の再検討を行い、必要に応じて報酬や基準の見直しをすべきである。

2. 介護ベッド・車いすの「貸しはがし」をストップ

　介護保険改正により、これまで福祉用具レンタルにより何とか生活を維持してきた人や専門家が必要と判断した人までもが介護ベッドや車いす等の福祉用具の引き揚げという「貸しはがし」にさらされ、生活を維持できなくなっている。

　改正介護保険法の基準を参考にしつつも、現場で利用者の実態を把握しているケアマネジャーなどの裁量により、必要な人には提供できるようにすべきである。

3. 介護の場を追われる高齢者を出さない〜療養病床再編に対して激変緩和措置を

　療養病床の再編により、医療区分1に位置づけられた胃ろうや吸痰行為など医療ニーズの高い患者の早期退院は困難である。療養病床から無理やり受け皿もなく退院を迫られることがないよう、適切な介護報酬並びに診療報酬に見直すとともに、退院の受け皿となる介護施設の整備を早急に行うべきである。

　また、介護保険改正により食費・居住費が自己負担化されたが、介護保険施設やグループホーム等からの自己負担増による退所者調査を十分行い、支払能力に応じた利用者負担のあり方を再検討し、低所得者でも介護施設やグループホーム、高齢者住宅等に入居できるようにすべきである。

4. 要介護認定のバラツキをなくす

　国が作った要介護認定ソフトは認定基準が曖昧であり、改正介護保険法により介護予防を導入したが、認定結果のバラツキや実態より軽い認定が出るなど、現場の混乱に拍車をかけている。認定ソフトの内容の改善を早急に行い、認定結果のバラツキをなくすべきである。

5. 魅力ある労働環境の整備を！

　いま、介護施設や訪問介護の現場は深刻な人手不足に悩んでいる。また、離職率は一般の職種に比べて高い。この最大の理由は全産業の中で最も安い賃金と不十分な待遇であり、働き続けても賃金がほとんど上がらない状況である。

　人材不足を解決し、魅力ある労働環境でプロとして働き続けてもらうためには介護労働者の賃金や労働条件を改善することが最重要であり、そういった事業運営が可能な介護報酬の設定が必要である。また介護労働者が無理なくスキルアップできるよう、国が義務化した介護職員基礎研修などへ費用補助等の支援をすべきである。

　さらに、訪問介護の質を向上させるためには直行直帰の登録型ヘルパーが、会議や引継ぎ等への参加が可能となるような支援をすべての事業所にすべきである。移動時間等の法定労働条件の遵守を事業者へ周知徹底させるとともに、

介護報酬上の算定根拠を明確化すべきである。

6. 良質なケアが実現可能な人員配置基準に

近年の介護施設入所者の重度化、高齢化、認知症高齢者やターミナルケアを必要とする高齢者の増加やユニット化に伴い、介護施設スタッフの仕事量はますます増えている。国は介護保険施設における重度化や認知症など利用者の状態と必要とされるマンパワーや介護量を早急に調査し、現場実態に応じた人員配置基準の見直しを行うべきである。また、良質なケアを実現するために専門職を厚く配置する事業者などを支援すべきである。

7. ケアマネジャーが利用者本位のマネジメントができるように

今年4月の介護報酬改定によりケアマネジメントについて様々な改定がなされた。しかし、結果的には制約条件の増加にともない、書類や事務量も更に増え、ケアマネジャーの収入と共に、やりがいも低下している。

高齢者の生活を支えるケアマネジャーが民間企業並みの報酬を得て、独立的な運営ができるよう介護報酬を設定すべきである。また、介護予防等の提出書類の簡素化など、事務量を削減すべきである。

8. 良質なグループホームを増やす

小規模で理想的な認知症ケアを行う施設として国はグループホームを推進している。しかし、低額な介護報酬や不十分な医療支援体制のもとで、利用者の重度化、医療ニーズは増加しており、運営はますます難しくなっている。

制度改正では事業者に対し、夜勤体制の義務化、研修や運営推進会議の義務付けなど、運営面での人的負担を増加させたが、介護報酬上適正に評価されているとは言えない。

また、サービスの利用を市区町村ごとに制限したことで、市区町村境界に住む方や転居希望を持つ方のサービス利用を不利にしている。一律に市区町村ごとに利用を制限するのではなく、日常生活圏を勘案してサービスを利用しやすくすべきである。

一方、市区町村によっては新たなグループホーム整備を制限しているが、質のチェックを強化するとともに、制限緩和して良質なグループホームを増やすべきである。

民主党、マニフェストに介護保険に障害者を統合する方針を掲載

介護保険のエイジフリー化（障害者を介護保険に統合）が書き込まれてしまいました。

民主党が政権をとると、このマニフェストに掲載したことは必ず実行しなくてはならないことになります。

障害者関係部分の抜粋

(3) 介護保険の適正化、障がい者福祉の拡充に取り組みます。
①介護保険制度の適正化をすすめた上で、エイジフリー化を実現します。

今後高齢化が進展する中でも制度の持続可能性を維持するために、不要不急の介護ニーズの掘り起こしや不適正・過剰な給付などを排除し、信頼できる介護保険制度をめざします。予防介護の適切な実施などの適正化を行いながら、2005年の法改正で先送りされた被保険者と受給者の範囲の拡大（介護保険のエイジフリー化）を2009年度から実施します。また、在宅生活を続けられるよう、必要なサービス供給量を確保します。

あわせて、地域の実情にあった創意工夫により、できる限り在宅生活が続けられる介護施策と、都心における介護付住宅の整備やバリアフリーのまちづくり、高齢者医療の充実などを推進します。
民主党が「民主党マニフェスト重点項目」という文書を配布しました。
（解説）
介護保険と障害者施策については…

障害者自立支援法の政府案は「所得保障を置き去りにしているから」反対…と書いており、さらに、介護保険をエイジレスにする（障害者を介護保険に入れる。年齢に関わらず介護保険の対象にする）とかいています。
ということは、所得保障をやった後は自立支援法や介護保険でいいということのようです。
　ただ、「在宅生活が続けられる介護保険制度をつくります」とのことです。
（民主党の大多数は「小さい政府志向」の議員ですので、これ以上保険料は上げられないので、在宅といってもデイサービスやショートステイをヘルパーとセットで提供する小規模多機能サービスを念頭においているのではないでしょうか）

　　　　　　　　　　　　『次の内閣』ネクスト厚生労働大臣　　三井　辨雄
　　　　　　　　　　　　　　　介護問題御用聞きチーム主査　　山井　和則
　　　　　　　　　　　　　　介護問題御用聞きチーム副主査　　下田　敦子
（出所：「月間民主」ネクストキャビネット社会保障　民主党ホームページ　朝日新聞）

第5章
日本共産党の介護保険政策の論点

　共産党の介護保険対策の論点を、時系列に調査分析した。内容は以下のとおりである。

1997年11月13日　介護法案を廃止にして抜本的手直しを「保険あって介護なし」の介護法案は廃案に―抜本的につくりなおし再提出することを求める。

	政府の介護法案	日本共産党の提案
基盤整備	財革法によりホームヘルパー増や特養建設が困難に	介護を必要とするすべての人が活用できるよう、国の責任でヘルパー増員。特養建設などを進めることを明記。新ゴールドプランを見直す。
保険料	40歳以上のすべての国民から徴収	高齢者・低所得者は免除
利用料	費用に1割	無料
介護手当	支給しない	在宅介護で現金支給の介護手当を設ける。ヘルパー派遣などの併給を認める。
対象者	40歳から64歳は老化に伴う疾病にかぎる	40歳以上で介護を必要とするすべての人を対象とする。

　　11月20日　参院厚生委員会地方公聴会。みなみ訪問看護ステーション所長石川まちこ公述人が意見を述べる。

　　　　低所得者世帯に利用者負担大であり、利用制限につながる。

　　　　1人暮らし74歳脳梗塞のEさんはホームヘルプサービス、週1回のディサービス　週1回の訪問看護を受け、1カ月負担4920円である。

　　　　収入は年金3万3,500円、1割の定率負担と保険料試算1万

5,500円となり、負担が重くなる。

この日、名古屋地方公聴会8人全員が介護手当必要。

1997年11月27日　参院厚生委員会中央公聴会。佐野英司白梅短期大学教授が次の意見を述べる。

　　　　　緑陽苑の居住者70人のうち現行より負担増となるのは73％、51人である。収入から保険料、医療費、さらに1割負担を差し引いた残額1万円以下67％、47人であり1割負担ができない方63％、44人である。

11月25日　全国の87の市長が参院厚生委員会に意見書提出。
　　　　　3000項目の政省令委任。（厚生省介護保険制度準備会）

11月30日　党調査。9月現在　特養待機者9万8,317人。この1年で2万人増。

12月2日　参院厚生委員会介護保険制度法案可決。（一部修正）
　　　　　新ゴールドプランをあらためるべきである。

12月2日　西山ときこ参院議員の反対討論。①遅れている介護サービスへの国の責任が明記されていない。②保険料。利用料の負担が重く滞納者が増える③実態を反映した要介護認定が必要。社民党の賛成討論「法案に少なからず問題があることが判明したが、今後の政治の努力で乗り越えられる。
　　　　　参考：国保の滞納の問題　滞納者から保険証を取り上げる資格証明書や短期保険証の発行世帯。5年間で2倍　21万世帯。約40万人（96年）。

12月9日　衆院本会議可決成立。

12月9日　児玉健次衆院議員の本会議の反対討論。
　　　　　介護の基盤整備についての国の責任が明確でない「保険あってサービスなし」である。特養の待機者は、全国で97年8・9月で9万8,317名。
　　　　　特養設置目標29万人―2000年3月4万人上回る。また、財革法によって社会保障予算の大幅削減。

介護保険の導入後は、国の負担3,700億円　市町村1,700億円が削減となる。
要介護認定の問題。

1998年3月2日　介護保険。これでは現状より悪くなる衆院予算委員会で児玉議員が追及。特養ホーム入所者の75％が値上げ。ホームヘルパー利用者の83％が有料になる。
厚生省統計情報部「社会福祉行政業務報告」から。
特養ホームの費用徴収額4万7,000円以下75％、4万7,000円以上25％である。
ホームヘルプサービスの費用負担は厚生省「在宅高齢者福祉サービス利用料等実態調査」から、有料16.9％、無料83.1％になるので「少なくとも現行の福祉から後退させない措置をとるべきだ」と児玉議員は「利用料の上限を設ける」ことを橋本首相に意見を述べる。

3月30日　参院予算委員会において西山ときこ議員は特養ホーム入所者への退所強要していると述べる。（入退所計画実践試行的事業は10％程度の入退所計画を作成。退所は現在1％である。）

3月16日　「国民生活の危機を打開し、逆立ち財政転換のために予算の抜本的組み替えを求める」を発表。98年度予算案に対する日本共産党の提案「介護基盤整備の増額」介護基盤整備の目標は新ゴールドプラン　98年度は前年の半分の伸び、予算の伸びを前年並みにする。これまで福祉措置で介護サービスを受けていた人々を排除することを絶対に許してはならない。

4月1日　「2000年4月までこれだけは解決しなければならない─介護保険法実施にむけての日本共産党の緊急提案」を発表。
（問題点）
①苛酷な保険料。
②必要な介護サービスを保障する条件整備の見通しがない。
③重い利用料負担。

④要介護の認定の基準への疑問と不安。
⑤保険料が払えない制度から排除される事態をなくす。
⑥介護のための基盤整備の目標を新制度導入にふさわしく引き上げる。
⑦用地費の国庫補助制度創設。
⑧現行の福祉水準を後退させない措置をとる。
⑨特養から病院に入院しても再び戻れるようにする。
⑩自治体の単独施策の国の財政援助を。
⑪高齢者の生活実態を反映した認定基準を。
⑫市町村の苦情窓口。複数の審査会の設置。
⑬福祉オンブズパーソン制度を創設する。

1998年4月8日　全国市長会　介護保険制度における「要介護認定」について問題点を指摘する意見をまとめる。厚生省が97年度に市町村に委託実施したモデル事業結果について行った調査は次のとおりである。(15市)

「1日の調査では高齢者の状況が十分把握できない」
　　　　　　　　　　　　　　　　　　　　　15市中14市
「調査員の事前研修が不十分で調査結果にバラツキ」
　　　　　　　　　　　　　　　　　　　　　15市中12市
「痴呆症状。認定基準の区分がわかりにくい」　15市中14市
「痴呆による問題行動の項目だけでは具体的な介護量の判断が困難」　　　　　　　　　　　　　　　　　　　15市中11市
「判定結果妥当」　　　　　　　　　　　　　　15市中2市

同会は「要介護認定は制度の運用においてその根幹に関わる重大な問題」と指摘。

12月3日　参院国民福祉委員会　介護保険、保険料の引き上げ必至。小池議員質問。

12月11日　参院予算委員会　要介護認定の問題を提起。小池議員質問。

1999年1月27日　衆院予算委員会　児玉健次議員質問。厚相答弁。介護保険料

の減免枠を広げ、低所得や病気など経済的事情も対象に。

1999年2月24日　参院予算委員会総括質問。介護保険で市田忠義議員が政府をただす。
（待機者、自治体リストラ、国の3,700億円の負担減について）

3月16日　介護体制の改善へ5つの緊急要求を発表。
（最小限の課題）
①保険料が払えないために制度から排除される事態をなくすこと。
②介護サービスの整備目標を新制度導入にふさわしく引き上げること。
③現行の福祉水準を絶対に後退させないこと。
④介護の認定基準は高齢者の生活実態を反映したものにすること。

5つの要求
①大幅に遅れている介護基盤の整備に国と自治体は全力を。（特養待機者11万人）。
②低所得者を排除しないために、保険料、利用料の減免措置は国、自治体の責任で。（独自の調査で、3万人の調査のうち約30％が保険料を払えない。45％が利用料が払えないと答えている）。
③自治体の福祉施設への単独補助打ち切りや福祉事業からの撤退を中止する。
④特養老人ホームからの入所者の追い出しは絶対しない。
⑤介護が必要かどうかの判断は高齢者の生活実態を反映したものに。

3月22日　共産党の国会質問から介護保険の改善策を提起。（16日発表と同じ）

4月16日　参院国民福祉委員会で質問。「ホームヘルプ利用4万人切り捨て許されない」と同党議員、意見を述べる。

1999年5月19日　参院国民福祉委員会で瀬古議員質問。「今の水準を後退させるな」と同議員述べる。

　　　6月18日　社会保障審議会で小池議員が要求。是正措置、保険料の徴収延期や厚生省は追加財政措置の必要を認めることを同議員は主張。

　　　7月2日　介護保険に対し、中央社会保障推進協議会が緊急改善を求め1000万人署名へ。

　　　7月3日　日本共産党東京都議団が都内全自治体調査結果を発表。(介護基盤整備が貧弱)

　　　7月5日　介護保険の深刻な事態を打開するために緊急提案を発表。
①介護基盤整備。
②低所得世帯の保険料、利用料の減免措置は国、自治体の責任で。
③介護保険が導入されるということで、これまで行われてきた自治体の福祉施設への補助打ち切り等、自治体が福祉事業から撤退することから中止する。
④特養から低所得者を追い出すことをしない。
⑤介護が必要であるかどうかの認定は、機械的なやり方ではなく生活実態に反映したものとする。

緊急提案
　政府の責任で実態調査を行い国民に報告する。実施にあたっては最低限必要なことを行う。実施にあたっては保険料、利用料の減免制度を行い、全体の軽減をはかる。(高齢者と低所得者) 介護が必要かどうかを判定する認定審査のあり方を改善する。保険料の徴収は一定のサービスの提供の準備が整うまで延期する。サービスの提供は過度的措置で実施する。(利用料負担の暫定措置) 認定から漏れる高齢者の救済策を講じる。自治体独自の補助打ち切りは中止する。

　　　8月23日　赤旗　筆坂政策審議会長に聞く。「介護保険の深刻な事態を

打開するには」の内容は、7月に発表した提言とほぼ同じである。

1999年9月3日　赤旗　「介護基盤整備は、厚生省の概算要求では不十分」と論評。

10月15日　「介護の問題と財政」について、長野市の街頭演説で不破委員長が訴える。内容は、7月提言とほぼ同じ。

10月27日　参院決算委員会で阿部議員が「介護保険利用者負担の軽減を」強調。そして、同党の緊急提案の実現化を主張。

（緊急提案のポイント）

①政府の責任で実態を調査し、国民に報告する。

②実施にあたっては、最低限必要な制度改定を行う。

　基盤整備、ホームヘルパー、特養ホームなどの目標を引き上げ、その達成の軌道に乗せる。保険料においては、高齢者や低所得者の減免制度を確立し、国民全体の負担を軽減する。利用料、定率1割負担制度を緊急に見直す。低所得者の減免制度を設ける。認定審査は、認定の決定権を市町村に移し、高齢者の実態に沿った審査をすべきである。保険料の徴収は、自治体の「サービス不足」解消の道筋をつけられるなど一定サービス提供の準備が整うまで延期する。サービス提供は過度的措置で実施する。低所得者が無料でサービスを受けられるよう利用料の暫定措置を講じる。認定漏れの高齢者の救済策を整備する。自治体独自の補助、単独事業の打ち切りを中止する。

11月2日　赤旗　「介護保険の与党合意、中身のある凍結にすべきだ。その場しのぎの自自公合意。」

1999年11月5日の「介護保険の特別対策」について筆坂政策審議会長談話発表。

「延長期間中に介護基盤整備する積極的改善策や高齢者、低所得者への保険料、利用料引き下げの減免制度創設や認定制度

	の改善策等も財源策も何もない。」
1999年11月7日	同党は「介護保険政府見直し案は国民に答えているか。」を発表。

保険料－低所得者ない。基盤整備－具体的な目標ない。認定制度－実態反映は不十分なままである。財源－赤字国債のつけは国民に転嫁（1兆100億円）ゆえに、10月の緊急提案の実施を訴える。

11月18日	146臨時国会における党首討論で、不破委員長が提案。「希望に答える介護保険に。介護保険を徹底的に見直すべきである。」参考人質疑で、肥田参考人は「非課税者からの保険料徴収の見直しをすべきである」と主張。
11月19日	参院国民福祉委員会で、同党は「深刻な在宅サービスの遅れ」を指摘。
11月30日	「介護保険の凍結中、これだけは基盤整備、低所得者対策を」志位局長記者会見。

①4万7,000人の在宅待機者がいるが、すべての自治体が厚生省で示す最低水準を突破すること。

②国の負担割合を50％にする。住民税非課税の高齢者、低所得者は保険料を免除する。

③介護認定審査会の充実強化－当面1年間は保険料の徴収を凍結。その間にこれらの対策を実施する。基盤整備の状況を見極め、制度の本格的実施に踏み切るかどうかを判断する。

④年間50兆円の公共事業の根本的改革をする。

⑤特養ホームゼロ958自治体（98年10月1日）がある。ゆえに、設置基準緩和、運営費増額、土地取得費の補助を行うべきである。

12月6日	CS放送討論番組で、小池参院議員が「介護保険、基盤整備を優先課題に」と題して次の談話を発表。

足りない特養ホーム、待機者解消変更へ具体的な手立てを

すべきである。保険料が高すぎる、非課税世帯の保険料徴収を免除すべきである。国の負担を50％にすべきである。（国の負担割合45％→32％。国民の負担26％→52％）財源は、公共事業や大銀行主役にメスをいれれば捻出できる。

1999年12月9日　衆院予算委員会で志位書記局長が総括質問。

志位書記局長「保険料の凍結期間中に、特養ホームにおける在宅待機者解消の具体的手立てと施設での待機者の解消を講じるべきである。」

厚生大臣「新たなプランの中で待機者の解消に努めたい。」

志位書記局長「特養ホーム整備を抑制する国の基準を見直すべきだ。自治体の設置要求に支援を。」

厚生大臣「基準見直しについてそういった問題も含めて総合的に検討する。自治体の設置希望に対して最大限努力をする。（29％の市町村に特養ホームがない。自治体の設置要望に最大限支援するようにかさねて要望する。また、最小限必要な基盤整備を集中的に進めるべきであり、そうすればこの凍結期間が意義があるを強調した。)

12月10日　参院予算委員会で小池議員に厚生大臣が「低所得者の介護保険料、恒久的な減免を検討」と表明。

12月11日　参院予算委員会　小池議員が「問題だらけの介護利用料」について質問。

2000年2月16日　参院予算委員会で児玉議員が質問。「家事援助は公的介護の理念で行うべきである」厚生大臣「運用は実情に応じて」と答弁。

2月22日　介護保険法案を提出（参議院に提出）1999年11月30日案を具体化。

改正案。住民税非課税者を対象に減免を実施、在宅サービスの場合全額免除。施設サービスは現行の負担水準まで軽減、国の負担を50％負担。

2000年度保険料徴収を行わない特例法案として提出、その間の75％を国庫負担。調整交付金は交付せず、財政安定基金も設けない。上乗せ横だし分は一般会計から繰り入れ、その2分の1を国が負担。

2000年3月28日　同党が介護保険で緊急調査を発表。

認定者の7割にとどまるケアプラン（介護サービス計画）作成。

ケアプラン作成を依頼した人76.5％。（3月24日　1,834市町村　56.7％）

ケアプラン作成依頼　政令市　80.6％　その他70％　全体76.5％。

志位氏コメント「ケアプラン作成を申し込んでも、実際に作成されていない実態も多い」「ケアプラン未作成の理由は、制度が知られていない。利用料が高すぎる。」

（提案）

ケアプラン作成に行政が責任を負う。（ケアマネージャー確保も含む）

償還払いをやめる。

利用料が高すぎる。利用料の減免や基盤整備などで同党が1999年11月に発表した5項目提案が重要になっていく。根本的には、国庫負担を減らしたことに問題がある。

4月27日　介護保険導入でサービス後退があってはならない事態。各地で党国会議員団が全国調査を発表。利用料などの緊急4対策を志位局長が発表。

4月16日～19日　19都道府県で111人のケアマネージャから調査。ケアプラン作成者4,325人のうち経済的理由でサービスを低下した者663人。（15.3％）

ケアマネージャーの報告「痴呆高齢者は、通所リハビリを減らして元気を失う。サービスを抑えて独居か、娘が仕事をやめる人が顕著に見られる。」

(緊急提案の内容)
①すべての在宅介護の利用料を3％にする。
②高齢者は10月からの保険料徴収を再検討をする。
③介護サービス基盤の実態について行政が責任をもって拡充に全力をあげる。
④介護認定は高齢者の生活実態を反映すること。

2000年5月11日 介護保険の緊急改善を求める請願を発表。
(請願事項)
在宅介護の利用料は、所得の低い人についてはホームヘルパーと同じように10％から3％にする。
10月からの保険料徴収は再検討をする。住民非課税はお年寄りから取らないようにすること。

9月14日 介護保険制度をめぐる深刻な事態を打開するための緊急申し入れを行う。
日本共産党国会議員団
①保険料、利用料の免除、軽減、措置を緊急につくること。非課税高齢者、在宅介護利用料を無料にする。訪問介護利用料3％の軽減措置を新規のサービスの利用者も含めて訪問看護、通所介護(ディケア)、訪問入浴などすべての在宅サービスに拡大。自治体独自の保険料軽減措置等に対して国は介入しないこと。
②サービスの提供にあたって民間に任せるのでなく公的責任を明確にする。政府の責任で介護基盤の整備に全力をつくすとともにサービスの提供にあたっては、自治体自ら事業者になるなどその責任を明確にする指導を徹底すること。
③保険料徴収を延期して制度の見直しを先行させること。
　(1)要介護認定を急いで改善すること。1次判定コンピューターソフトの問題。痴呆性症状の実態を反映しない。
　(2)福祉現場の労働事情悪化を放置せず、政府の責任で必要

な改善策をとること。

2001年6月6日　「介護保険実施1年　低所得者対策などの改善措置が急務である」ことを発表。
日本共産党国会議員団

①利用料、保険料の免除、軽減措置を国の恒久的な制度として確立すること。利用料は国の制度として、在宅サービスの利用料を住民税非課税者まで無料にすることを改めて要求する。当面の緊急対策として、政府の特別対策を拡充し、新規利用者も含めて、在宅サービスを3％にすることは最小限の措置である。保険料は、10月からの保険料満額徴収を凍結し、低所得者対策の確立を先行させる。介護保険料の滞納と連動した国民健康保険証の取上げが不安を広げている。国民健康保険証の取上げは、命の危機に直結する。これを中止すべきである。

②依然として不足している介護サービス基盤の整備に全力をあげる。特別養護老人ホーム－待機者が急増し、この「契約違反」の現状を打開するために政府は実態を緊急に調査するとともに、特養ホームの整備に全力をつくす。特養ホームから入院した場合も、再び元のホームに戻れるよう、制度の改善拡充を求める。グループホーム－痴呆性高齢者のためのグループホームはいまだ1,122か所に過ぎず、整備目標を大きく割り込んでいる。また、量とともに質の面でも政府が財政支援を抜本的に強化することを要求する。ショートスティ－利用枠の一定の改善がはかられたが、もともと在宅サービスの利用限度額の上限が低いため在宅とショートスティの併用が困難。要介護別の利用限度額の弾力的な運用を含め、利用しやすい仕組みに改善すべきである。

③福祉現場の労働条件悪化を早急に改善すること。介護報酬の見直しを含め、早急に改善を講じるべきである。サービ

スの提供を民間任せにせず、自治体として必要な人を確保し、自治体が公的責任を果たせる方向で指導を強化することが重要である。介護保険の要であるケアマネージャーの努力に報いるために介護報酬を適正に引き上げ、自治体とケアマネージャーの協議、懇談ができる機会を設置するよう求める。

④ケアマネージャーによる要介護認定を－要介護認定の一次判定は痴呆状態を反映できないなどの欠陥が指摘され、現在見直し作業が行われている。今もなお「欠陥」ソフトによる認定が続けられており一刻も放置できない。ただちに、見直しを実現するよう求める。コンピューターによる機械的な一次判定をやめることも視野にいれた条件整備を開始することを求める。

2004年11月19日（金）「しんぶん赤旗」
小泉内閣による介護保険の大改悪を許さず、より良い介護制度にするために──介護保険5年目の制度見直しにあたっての日本共産党の提案

　日本共産党の小池晃政策委員長、穀田恵二国対委員長が18日に発表した「小泉内閣による介護保険の大改悪を許さず、より良い介護制度にするために──介護保険5年目の制度見直しにあたっての日本共産党の提案」は次の通りである。

1．介護サービス切り捨て、負担増の大改悪を許さない

　介護保険は、来年4月に5年目の見直しの時期を迎えます。政府は来年の通常国会に法案を提出する予定ですが、そこで検討されている内容は、もっぱら介護への国の財政支出を抑制するために、高齢者のサービス利用を制限し、国民負担をいっそう増やすという、大改悪となっています。

　第1に、在宅介護サービスの利用を制限し、多くの高齢者から、生活の支えとなっているホームヘルパーなどの介護サービスをとりあげようとしています。

政府は、まともな根拠も示さずに、サービス利用が「かえって本人の能力実現を妨げている」などと言って、要支援、要介護度1の人への介護サービスを切り捨てようとしています。実際には、きちんと介護を受けている人の方が状態が悪化しないというのが、現場の共通した声です。必要な介護サービスをとりあげることは、高齢者の生活と人権を踏みにじるものです。

第2に、介護サービス利用料の大幅値上げです。現行の1割負担を2、3割負担に引き上げることさえ検討しています。また、「ホテルコスト（居住費等）の徴収」という名目で特別養護老人ホームなどの利用料の大幅値上げも検討されています。特養ホームでは、月額で3～8万円程度値上げし、相部屋でも8万7000円、個室で13万4000円にするという試算も出しています。これでは、月6万6000円の国民年金の満額受給者でも、特養ホーム入所は困難になってしまいます。

第3に、20歳から介護保険料を徴収し、それにともなって、介護保険と障害者の支援費制度を統合することも検討しています。安易な国民負担増は、いまの経済情勢からも、20～39歳という負担増の対象となる若い世代の雇用と収入が不安定になっていることからも、滞納や制度の空洞化すらまねきかねず、やるべきではありません。そして、障害者にも、サービス水準の低下や負担増を押しつけることになります。政府が「統合」を言い出したのは、障害者のためでなく、20歳から介護保険料を徴収する「大義名分」にしようということでしかありません。

第4に、介護保険導入以来「特別対策」として行ってきた、施設と在宅サービスの低所得者対策を来年4月に廃止する方針です。とりわけ、特養ホームの利用料値上げや、介護保険発足前から入所している「自立」「要支援」の人の継続入所の廃止は、行くあてもないままに、特養ホームを追い出される人をうみだしかねません。こんなことは絶対に許されないことです。

政府は、こんな改悪を「合理化」するために、多くの高齢者がたいして必要でもないサービスを介護保険で利用しているかのようなことまで言っています。しかし、介護保険の現状は、在宅サービスでは、利用限度額に対する平均利用率が、わずか4割程度にとどまり、要介護認定をうけながらサービスをいっさ

い利用していない人も86万人をこえています。今でさえ、低所得者を中心に、利用料負担が重いために、必要と認定された介護サービスを、がまんせざるをえない状況が広く存在しているのです。少ない年金からも保険料が「天引き」されていながら、必要と認定されたサービスを受けられないということは、社会保険制度の根本にかかわる問題です。介護保険をなるべく利用させないようにするという、政府がねらう改悪は、この矛盾をいっそう激化させ、介護にたいする国民の願いにまっこうから反するものです。

　日本共産党は、政府がねらう大改悪をやめさせるため全力をあげます。そして、介護制度の充実と改善を願う利用者とその家族のみなさん、自治体や介護現場で働く関係者のみなさんをはじめ、多くの国民のみなさんとともに、サービス切り捨てでなく、安心できる介護のための改善を求める共同をよびかけます。

2．安心できる介護制度へ、政府は、ただちに改善にとりくむべきです

　今回の見直しは、国レベルで行われる初めての制度見直しです。介護保険実施後の4年半をふまえて、より安心できる介護制度にするために問題点の改善にとりくむことこそ、いま政府のやるべきことです。

この4年半で明らかになった介護保険の見直すべき課題はどこにあるのか

　第1に、利用料負担が重いために必要な介護サービスを受けられないという状況が広く存在していることです。多くの高齢者が、介護の必要に応じてではなく、いくら払えるのかによって受けるサービスの内容を決めざるをえない状態です。内閣府経済社会総合研究所の研究者すら、「1割の自己負担が外部の介護サービスへの需要を減少させ、結果として家族に介護を強いている」と指摘しているほどです。

　第2に、保険料の値上げが繰り返され、重い負担になることも深刻です。昨年の見直しでは、全国の自治体の介護保険料は、平均して13.1％の値上げとなりました。そのうえ、厚労省は、2012年度には月額5,000～6,000円にもなると試算しています。介護サービスの量を拡充したり、サービスの質の確保のために介護報酬を充実すると、高齢者の保険料・利用料も引き上がるという深刻な

問題があるからです。そのために、ただでさえ遅れている基盤整備をためらう自治体も少なくありません。

　第3に、こうした中で施設不足も深刻になっています。この4年半で、特養ホームへの入所待機者が各地で倍増しており、全国で32万人をこえ、現在の特養ホームの総定員数に匹敵する規模になっています（日本共産党国会議員団調査04年10月）。

　こうした介護保険の構造的欠陥とも言える問題をただし、高齢者が必要な介護サービスを受けられるようにしていくことこそ、今回の見直しに求められていることです。小泉内閣のように介護保険の利用を制限し、年金生活ではとても負担できないような利用料を押しつけようとすることは、こうした問題をさらに深刻にするだけです。

　日本共産党は、この間、介護の現場で働く労働者や事業者、自治体関係者をはじめ、多くの方々から実情やご意見を聞いてきました。それらもふまえて、高齢者が安心して利用できる制度にしていくために、政府がただちにとりくむべきことは何か、という立場から以下のとおり提案します。

(1) 国庫負担をただちに25％から30％に引き上げ、利用料、保険料の減免制度をつくる

　介護保険導入後、全国で4分の1をこえる自治体に、保険料や利用料の減免制度がうまれました。これは、住民運動と日本共産党が力をあわせた成果であるとともに、国の制度として低所得者への減免制度がないことが大きな欠陥になっていることの表れです。

　そもそも保険料や利用料が高い最大の原因は、介護保険が導入されたときに、政府が、介護施策に対する国庫負担の割合を、それまでの50％から25％へと大幅に引き下げたからです。国の責任は重大です。

　日本共産党は、国庫負担をただちに30％に引き上げることを求めます。現行では、国庫負担25％の内に「調整交付金」5％分が含まれていますが、これを別枠化し、国庫負担全体を30％に引き上げることは、全国市長会や全国町村会もくりかえし要望していることであり、財源も約3,000億円程度です。この程度

の国庫負担引き上げでも、国の制度として、住民税非課税世帯（現在の第1、2段階にあたる人）を対象に、在宅サービスの利用料を3％に軽減し、保険料を減免することが可能になります。

さらに、保険料の①全額免除、②資産審査なしの減免、③一般財源の投入の3つを不適当とする、いわゆる「三原則」による国の自治体に対するしめつけをやめさせます。せっかく自治体が低所得者への減免制度をつくっても、国の方針だからといって、わずかな預貯金を理由に減免が打ち切られています。国の責任と、自治体の努力とをあわせて、実効ある減免制度をつくる必要があります。

将来にむけては、歳出や歳入の改革で財源を確保し、国庫負担の割合を計画的に介護保険導入前の50％まで引き上げ、減免制度の拡充や、保険料の抑制、介護報酬の引き上げなどにつとめます。

(2) 保険料・利用料のあり方を、支払い能力に応じた負担にあらためていく

保険料や利用料のあり方も、応能負担（所得や資産など支払い能力に応じた負担）の方向で見直すことが必要です。

〈保険料は所得比例に〉

現在の65歳以上の介護保険料は、5段階（または6段階）の定額制と定められており、所得の少ない人ほど負担割合が重くなるという逆進性が、所得税・住民税や国民健康保険料などと比べても著しくなっています。

「負担は能力に応じて、給付は平等に」ということは、社会保障制度の原則です。日本と同じ介護保険を実施しているドイツでも、保険料は定率制（所得比例）になっています。各自治体が、介護保険料を、定率制や多段階制など所得に応じてきめこまかく設定するように介護保険法と関係政省令を改正することを提案します。また、国庫負担割合を引き上げるさいには、保険料の自治体間格差を調整する機能も拡充させます。

〈施設利用料は所得に応じた額に〉

介護保険以外の福祉施設では、保育所でも、障害者施設でも、利用者は所得に応じて負担しています。生活の場である特養ホームの利用料が、所得にかか

わらず一律というのでは、高齢者は、安心して暮らせません。日本共産党は、「ホテルコスト」の名目ですべての人の利用料を値上げするのではなく、利用料を所得に応じた額にあらためることを提案します。

〈在宅サービスの利用限度額を見直す〉

在宅のサービス料では、低所得者への利用料減免が不可欠ですが、同時に、利用限度額を見直すことも必要です。最高でも35万円、それを超えた分は全額自己負担という現行の利用限度額では、要介護度の重い人が在宅で暮らすには、あまりにも負担が重くなってしまいます。そのため、介護を苦にした悲惨な事件も後をたちません。高齢者が人間らしく生活できるサービス水準をまもるためにも、要介護度の重い人などは、利用限度額を撤廃し、必要なサービスを介護保険で受けることができるようにあらためます。

(3) 在宅でも施設でも、安心して暮らせる基盤整備を

介護保険実施から4年半がたった現在でも、十分なサービス基盤がない地域が多く残されています。自治体の努力や、民間事業者まかせにするのではなく、国の責任で、在宅サービス、施設サービスの基盤整備をすすめる必要があります。

〈在宅で安心して暮らせる社会的条件の整備を〉

多くの高齢者が、介護が必要になっても、できることなら住みなれた自宅で過ごしたいと思っています。高齢者の願いにこたえて、在宅で安心して暮らせる社会的条件を整備することが、どうしても必要です。そのことは、施設不足の解消にも役立ち、介護費用の節減にもつながります。

それだけに、在宅での介護生活をささえる体制づくりは急務です。とりわけ、ショートステイは、どこも半年前から予約でいっぱいという状況です。高齢者・家族の緊急事態に対応できるように、ショートステイのベッドを一定数確保する自治体も広がっています。その費用にたいして、国が支援することを求めます。

〈特養ホームなどの計画的整備を〉

特養ホームへの入所待機者は全国で32万人をこえています。ところが政府は、基盤整備をすすめると保険料が高騰するというジレンマを自治体におしつ

けた上に、今年度は、特養ホーム建設費への補助金を昨年の3分の2まで削減しました。そのため、自治体の整備計画の目途がたたなくなる事態が相次いでいます。

　特養ホームは、在宅で生活する高齢者にとっても、介護をささえる家族にとっても、いざというときの支えです。高齢者人口の1.5％という低い目標（参酌標準）の自治体への押しつけをやめさせ、特養ホームを地域に計画的に整備するため、国が財政的に支援すべきです。

　特養ホームを中核的な施設として整備するとともに、グループホームや生活支援ハウス、託老所など多様な施設を、地域のなかに整備し、高齢者が住みなれた地域で生活できるようにしていくことも必要です。地域の実情に応じて、安価で質の良いサービスを提供できるように、事業者に対する自治体の権限などを拡充するとともに、グループホームの土地確保などに、国が財政支援することを求めます。

(4) 介護・医療・福祉の連携で、健康づくりをすすめる

　今回の見直しにあたって、政府は「介護予防の重視」を掲げています。介護を必要とする状態になることを、できるだけ予防することは当然です。

　ところが政府は、最初に述べたとおり、軽度の要介護者のサービス利用を制限したり、全額公費の「介護予防・地域支え合い事業」などの福祉事業を介護保険（国庫負担割合は25％）に移すことなどを検討しています。このように、国の負担と公的責任をさらに後退させることは、「介護予防」に逆行することです。

　介護保険は高齢者福祉の一部でしかなく、「介護予防」をすすめ、高齢者の生活と健康をまもるには、介護、医療、福祉、公衆衛生などの各分野の連携が必要です。そして、その連携をとるためにも、自治体の取り組みが不可欠です。全国には、すでに、自治体をあげて高齢者の健康増進に取り組んだり、民生委員と協力して虐待予防などの例も生まれています。その一方で、自治体が高齢者のことを"介護保険まかせ、事業者まかせ"にしてしまい、自治体として高齢者の状態がつかめていないということも多く生まれています。

日本共産党は、国の財政支援や、自治体の責任を明確にして、介護・医療・福祉・公衆衛生の連携を強め、高齢者の健康づくりをすすめます。高齢者の健康づくりは、高齢者がいきいきと暮らしていく力となるだけでなく、結果として、介護保険の給付費を抑えることにもなります。
　また、制度上、介護と医療の連携が不十分なために、介護施設の入居者が満足な医療を受けられないといった事態も起きています。誰でも、どこでも、必要な医療を受けられるように、介護も医療も実情にあわせて見直すことも必要です。

(5)「福祉はひと」──介護労働者の労働条件を守り、改善する
　介護保険の導入いらい、政府は、介護をIT産業などとならぶ"雇用創出の柱"ともてはやしながら、そこで働く人の労働条件の確保については、何の対策もとってきませんでした。そのため、介護労働者の労働条件は悪化し続けています。
　「福祉はひと」と言われます。しかし、そこで働く人が、最低限の労働条件も確保されず、必要な研修も受けられない状況では、介護保険の未来は展望できません。専門職にふさわしく介護労働者の身分と待遇を改善することは、安心できる介護制度への大前提です。
　厚労省は、国会での日本共産党の追及や介護労働者の切実な訴えをうけ、ようやく今年八月になって、「登録ヘルパー」などもふくめて訪問介護職員は「労働者」だと認め、それにふさわしい待遇を求める通達を全国に出しました。政府の責任で、労基法などに違反する状態を一日も早くなくし、移動・待機時間にも賃金を支払う、労災を適用する、利用者都合のキャンセル時には賃金補償をおこなうなど、労働者としてあたり前の労働条件をすみやかに確保すべきです。
　介護職員の労働条件が劣悪になっている根本的な原因は介護報酬の低さにあります。多くの事業者も、この点で苦労しており、介護労働者の劣悪な現状は、一部の営利企業による「もうけ主義」だけが原因とは言い切れません。介護報酬の適切な引き上げをふくめた抜本的な措置を国に求めます。また、ケアマネジャーが独立性、公共性をもって、もっとも適切なケアプラン作成に専念でき

るように、担当件数の削減、介護報酬の引き上げなど、適切な条件整備も必要です。

　日本共産党の今回の制度見直しにあたっての提案は、現在の介護保険がかかえる深刻な問題を解決するための必要最小限のものです。財源も、数千億円程度であり、予算の使い方、優先順位を見直せば実現できます。例えば、国庫負担を30％に引き上げるのに必要な財源の約3000億円は、米軍への「思いやり予算」（年間約2800億円）をなくすだけで、ほぼ、まかなえる規模です。また、小泉内閣が今年度削った特養ホーム建設補助金を前年度並みにするには約500億円程度です。まさに政府の姿勢が問われています。

　同時に、今回の見直しは、21世紀の社会保障全体をどうするか、という点でも重要な意味をもっています。厚労省は、「介護保険制度は社会保障『改革』のフロントランナー」と位置づけています。政府は、年金改悪に続き、来年度には介護保険を改悪し、2008年度には、すべての高齢者から医療保険料を徴収するなどの「高齢者医療保険制度」をスタートさせようとしています。社会保障の連続的な切り捨て、国民への際限のない"痛み"の押しつけを許すのか、それとも、憲法25条がかかげる生存権を保障する社会保障制度を確立していく道に踏み出すのか、介護保険の見直しのなかでも、大きく問われています。日本共産党は、介護不安を拡大する政府の大改悪を許さず、いまも将来も安心できる介護制度にしていくために力をつくします

2006年8月30日
○高齢者からの"介護とりあげ"をやめさせるための緊急要求

　4月から改悪介護保険法が全面施行され、多くの高齢者が、容赦なく公的な介護サービスを奪われています。「要介護度が低い」と決めつけられた高齢者は、介護保険で利用してきた介護ベッド・車イス、ヘルパーやデイサービスなどをとりあげられています。昨年10月から介護施設の居住費・食費が全額自己負担となったため、負担増にたえられず退所を余儀なくされたり、ショートステイ・デイサービスを断念した高齢者も少なくありません。政府・与党が宣伝した「介護予防」や「自立支援」とはまったく逆のことが起きています。

これまでも介護保険の実態は、保険料は現役時代の給料からも年金からも容赦なく「天引き」されながら、基盤整備は遅れており、低所得者には利用料の負担が重いなど、「保険あって介護なし」と指摘されてきました。今回の改悪は、いっそうの負担増に加えて、「介護の社会化」という最大の"看板"まで投げ捨てて、要介護度が低いとされた高齢者をサービスから「門前払い」するものです。公的な介護制度でありながら、低所得者、「軽度者」など多くの高齢者の利用を排除する──「保険料だけとりたてて、介護は受けさせない」制度へと、介護保険は重大な変質を始めています。

　その責任は、政府と自民・公明両党がごり押しし、民主党も賛成して成立した介護保険法の改悪、そして「構造改革」の名による乱暴な"痛み"の押しつけにあることは言うまでもありません。同時に、自治体でも、国いいなりに高齢者から公的な介護を取り上げてしまうのか、自治体としてできる限りの努力をするのかが問われています。

　日本共産党は、以下の緊急要求の実現に力をつくします。これらは、どれも切実で、緊急に解決が求められる問題です。同時に、軽度者や低所得者・弱者を排除する公的な介護制度の大後退に歯止めをかける上でも重要な課題となっています。

(1) 介護ベッド、車イスやヘルパーなどのとりあげをやめさせる

　福祉用具のとりあげを中止する──要介護1以下の軽度の高齢者は、4月からは原則として、車イスや介護ベッドなどの貸与が受けられなくなり、従来からの利用者への経過措置も9月末が期限とされ、高齢者の不安は高まっています。国の責任で、これまで利用してきた人からの「貸しはがし」をただちに中止することを強く要求します。

　市町村が福祉用具貸与の是非を判断する際には、ケアマネジャー・主治医らの判断を最大限に尊重できるようにすべきです。東京・港区、新宿区などのような、福祉用具を自費で購入・レンタルする高齢者にたいする自治体独自の助成なども必要です。

　軽度者からの介護とりあげを中止する──ホームヘルパーなどの利用時間や

回数が減らされることも広がっています。4月から、介護サービスを利用するときに事業者に支払われる介護報酬が改悪され、要支援1・2と判定された人の利用限度額も大幅に引き下げられたためです。東京都の社会福祉協議会の調査でも、軽度の利用者の約5割が「時間や回数をへらさざるをえなくなった」と回答しています。

　厚生労働大臣は、国会答弁でも「本当に必要な家事援助の方は、当然…今後も受けていただく」と約束していました。国は、高齢者が必要なサービスを今までどおり利用できるように、生活援助の長時間加算の復活もふくめて介護報酬を改善し、要支援1・2の人の利用限度額も引き上げるべきです。

　サービスとりあげの行政指導をやめさせる――給付「適正化」の名の下に、国が市町村に給付削減を競わせていることもサービスとりあげの大きな原因です。同居家族がいる高齢者のヘルパー利用を一律に禁止するなど、事業者に対して、国の基準にてらしても行き過ぎた指導を行う市町村が少なくありません。サービス切りすての指導はやめるべきです。

(2) 保険料値上げをおさえ、減免制度を充実する

　4月から全国の市町村の介護保険料は平均で約24％値上げされ、基準額が4000円以上の自治体も全体の37％と3年前の5倍以上に増えました。しかも、住民税の非課税限度額の廃止など「小泉増税」の影響で、高齢者の約6人に1人が、収入は増えないにもかかわらず、保険料段階が上昇します。経過措置はあるものの、保険料が3倍になる人もいます。"払える保険料"の水準に抑えることは、政治の責任です。

　国庫負担割合を引き上げ、保険料値上げを抑える――介護保険料が高額な最大の原因は、介護保険の創設時に、国の負担割合を2分の1から4分の1（25％）に引き下げたことにあります。当面、全国市長会や全国町村会などが要望しているように、国庫負担を30％にすべきです。これだけでも、今回の高齢者の保険料値上げをほとんど抑えることができます。必要な財源は年間約3000億円であり、米軍への「思いやり予算」と大差ありません。

　これまで国と自治体が一般財源で行ってきた介護予防などの福祉事業を、介

護保険に「地域支援事業」として吸収したことも保険料値上げの一因です。「地域支援事業」には高齢者虐待に関する相談なども含まれており、一般財源で運営すべきです。

　自治体でも、実効性のある減免制度などをつくる努力を——「小泉増税」で保険料が値上げになる人の対策としても、実効ある市町村の独自減免が重要です。保険料の減免について、(1)全額免除、(2)一般財源の繰り入れ、(3)収入審査だけの減免を「不適当」とする、いわゆる「3原則」による締め付けを国は中止すべきです。法的にも「3原則」に市町村は従う義務はありません。千葉県浦安市や埼玉県美里町など、介護保険会計に一般財源を繰り入れ、保険料の値上げ幅を抑えた市町村もあります。自治体の条件は様々ですが、国の締め付けをはね返し、可能な努力を求めます。

(3) 介護が必要と認定されても、介護保険が利用できない異常事態をなくす

　介護保険を使うには、要介護認定を受け、ケアプランを作成してもらうなどの手続きが必要です。ところが、4月の改悪後、要支援1・2とか要介護1・2と認定されても、「門前払い」や「たらい回し」でケアプランを作成してもらえない人が急増し、メディアも「ケアマネ難民」と報じるなど大問題になっています。介護認定を受けながら、サービスを利用できないというのは、権利侵害にほかなりません。

　この原因は、国が4月に実施した介護報酬の改悪です。要支援1・2の人の「介護予防ケアプラン」の作成は、従来のプランよりも手間がかかりますが、ケアマネジャーなどに支払われる介護報酬は約半額に引き下げられました。しかも来年4月以降は、ケアマネジャーは1人8件までしか担当できません。ケアプラン作成の責任は、「地域包括支援センター」にありますが、体制が貧弱で間に合わない市町村が少なくありません。

　要介護1・2など軽度の高齢者も、ケアプラン作成の介護報酬が重度よりも低く設定されました。しかも、ケアマネジャーの担当件数が40以上になると、介護報酬をさらに40～60％も削減する「罰則」まで作られたため、事業者も、引き受けるのが難しくなっています。

国は、今回の改悪を撤回し、ケアプラン作成に関する介護報酬や基準のあり方を抜本的に改善し、介護が必要と認定されても介護保険が利用できないという異常な事態をただちになくすべきです。市町村にも、センターの体制強化など独自のとりくみを求めます。

　実態からかい離した要介護認定を改善する——身体や生活の状態は変わらないのに要介護度だけ軽く変更され、それまでの介護が受けられなくなる人も増えています。給付費抑制を優先するあまり、高齢者の実情を軽視した機械的な調査や判定が広がっていると指摘されています。要介護認定の運営改善を求めます。

(4) 介護施設の利用料負担をおさえ、施設不足を解決する

　食費・居住費の負担を軽減する——昨年10月からの介護施設の居住費・食費全額徴収で、利用者の負担は大きく増え、退所者も全国で1000人をこえています（保団連など調査）。政府は、「低所得者対策」をとるから大きな問題はないと言ってきましたが、国の「対策」は貧弱な上に、「小泉増税」の影響で、その対象からはずれて大幅な値上げになる人も少なくありません。特養ホームの個室化が進められていますが、今度の改悪で個室の居住費は高額になったため、特養ホームへの入所を断念する人や、居住費が安いからと入所希望者が殺到している相部屋を待ち続ける人も増えています。「対策」から除外された通所介護、通所リハビリの負担増も深刻です。

　国は「低所得者対策」を拡充すべきです。自治体に対しても、通所介護、通所リハビリの食費に対する独自の減免制度などを創設・拡充することを求めます。

　施設不足の深刻化をくいとめる——特養ホームの入所待ちは、今年3月で38万5000人にものぼります（厚労省調査）。さらに先の国会で成立した「医療改革関連法」は、今後6年で療養病床を23万床も削減する計画のため、施設不足がいっそう深刻化するのは必至です。

　それにもかかわらず国は、今年4月に、都道府県むけの施設整備交付金を廃止（一般財源化）してしまいました。市町村が責任を持ち、高齢者の住み慣れた地域での生活を24時間体制でささえる「地域密着型サービス」も、整備の見

込みがたっていません。その一方で、有料老人ホームなど、民間の高額な居住系サービスだけは急増しています。介護施設に入れるかどうかも収入・資産次第という、「福祉の格差」は広がりつつあります。

　市町村むけ交付金の引き上げなど、基盤整備に対する支援の見直しを国に求めます。同時に、埼玉県のように、特養ホームの建設に1ベッドあたり300万円を独自に助成する県もあります。自治体も、地域の実態に応じて、特養ホーム、宅老所、収入に応じた利用料となっている生活支援ハウスなどを整備し、「福祉の格差」の解消につとめるべきです。

(5) 高齢者の生活をささえる自治体の仕事を後退させない

　地域包括支援センターの活動を充実する——今回新設された地域包括支援センターは、市町村が運営に責任を持ち、高齢者の実態把握、困難を抱えるケアマネジャーへの支援などを行い、地域の高齢者のあらゆる相談にもこたえる拠点とされています。

　ところが、人口47万人の千葉県松戸市や、東京23区の2倍をこえる面積の山形県鶴岡市にセンターが1カ所しかないなど、設置数が少ないのが実態です。しかも、体制が貧弱なため、介護予防ケアプランの作成だけで手一杯で、他の活動はできていない場合がほとんどです。介護・医療・福祉などの連携をとり、地域の高齢者の生活を総合的にささえる拠点としてセンターを発展させるため、国や都道府県に財政的な支援を求めます。

　また、民間の事業所にセンターの活動を「丸投げ」している市町村も少なくありません。法律で設置が義務づけられているセンター運営協議会なども活用し、市町村としても、センターの活動に責任を負えるような体制をつくるべきです。

　介護予防などの福祉事業の後退を許さない——今年4月に、介護予防や高齢者の福祉事業の多くが介護保険に吸収されたことにともない、配食サービスやパワーリハビリ、紙おむつの支給など、市町村が行ってきた福祉事業の利用料値上げや、これまで利用してきた人が事業の対象外となる事態が各地で起きています。

これは「介護予防の重視」という国の宣伝文句にも反します。これまで税金で運営してきた事業に介護保険料が使われるようになったため、4月以降、国や自治体の財政負担は軽減しており、このような福祉の後退に道理はありません。これまでの介護予防や福祉の事業を維持し、介護保険の給付も改善して、高齢者がその人らしく人間らしく生きていくことを支援する、健康づくり、本来の予防事業を地域で多面的に進めるべきです。

(6) 現場で高齢者をささえる介護労働者・事業者をまもる

昨年10月と今年4月に介護報酬が大幅に切り下げられたため、多くの介護施設などが経営の危機に直面しています。高齢者からの「介護とりあげ」もまた、多くのヘルパーの仕事を奪いました。介護労働者の労働条件はますます過酷になり、収入と誇り、働きがいが奪われています。厚生労働省の外郭団体の調査でも、1年間で介護労働者の21％が離職するという深刻な実態です。事業所は人材の募集にも苦労しています。

このままでは、介護サービスの質は維持できず、結局、一番被害を受けるのは利用者やその家族です。一昨年8月に、厚生労働省も、移動・待機時間への賃金支払い、労災の適用など、ホームヘルパーの労働条件改善を求める通達を出しましたが、介護報酬が低すぎるため、経営者も苦しいのが多くの実態です。4月から創設された介護報酬の「特定加算」制度も、「利用者の1割負担が値上げになるので、加算はとりたくてもとれない」「人材確保が難しい」などの理由で中小事業者はほとんど利用できていません。経営が苦しくても、地域に根ざして良いサービスを提供している事業者への支援こそ行うべきです。

《公的な介護制度の大後退をくいとめる共同をよびかけます》

政府は今回の改悪にとどまらず、利用料の2割負担への引き上げや、軽度者を介護保険の対象から完全にはずすことなども検討しています。このようなサービスとりあげを続け、介護保険をどんどん使えないようにしていけば、介護が必要な高齢者やその家族の仕事と生活にも深刻な打撃となります。介護事業者の経営にも大きな影響を与え、介護労働者の労働条件もいっそう悪化します。多くの関係者の努力で築かれてきた、それぞれの地域の介護基盤そのものが崩

れてしまう危険さえあります。

　政府・与党をはじめ、今回の大改悪に賛成した人たちは「財政難」などを口実にしますが、一方で政府は米軍再編に3兆円もの負担をするというのですから、その主張に道理はありません。"かつては厚生労働省の応援団だった"と言う人たちからも、今回の介護保険の大改悪に対する怒りや疑問の声が広がっています。

　日本共産党は、高齢者、家族、介護労働者、事業者、自治体関係者などのみなさんに、これまでの立場の違いをこえ、高齢者からの"介護とりあげ"、公的な介護制度の大後退をくいとめるために力をあわせることを心からよびかけます。

　そして、「老老介護」をはじめ、家族介護の深刻な実態を考えるとき、公的な介護制度は改善・充実こそ求められています。日本共産党は、介護保険法が改悪された国会審議でも、「改革」というなら、①保険料・利用料を支払い能力に応じたものにあらためる、②在宅でも施設でも安心して暮らせる条件整備、③介護・医療・福祉などの連携による健康づくり、④介護労働者の労働条件の改善、⑤これらの実現のためにも国庫負担を増額する、などの改善こそ必要だと訴えてきました。ひきつづき、多くの国民のみなさんとの対話と共同を広げ、誰もが安心して利用できる介護制度をめざします。

　　　　　　　（出所：赤旗新聞　朝日新聞　共産党ホームページ　筆者一部加筆修正）

第6章
社会民主党の介護保険政策の論点

　社会民主党の介護保険対策の論点を、時系列に調査分析した。内容は以下のとおりである。

1999年10月27日　介護保険制度の負担軽減について　社会民主党　介護保険対策本部　本部長　土井たか子

　①自民、自由、公明の与党3党は介護保険制度について、保険料の徴収を凍結し、家族介護には現金給付を行う方向で、見直し協議を進めているとされる。これらは、介護保険を根底から覆し、制度を崩壊させるものである。保険料の代替財源についても何ら示されず、無責任きわまりない。たとえ国費で対応するにしても負担するのは国民であり、将来的な消費税率引上げの原因になると思われ、国民を愚弄したものである。いずれにしても、「選挙目当て」のほかならず、バラマキの誇りを免れない。

　②「保険料の徴収凍結」は、社会保険としての意義を放棄するものであり、断じて認められない。介護保険は、要介護認定がすでに10月からはじまり、来年4月のスタートを目前に控えている。これまで精力的に準備を進めてきた自治体に対し、事務的にはもとより、来年から施行される新たな地方自治法における条例制定においても、大混乱を持ち込む。同時に、制度を待ち望む多くの要介護者とその家族の不安を増大させ、国民の政治に対する信頼を損なうばか

りである。「家族介護への現金支給」についても、介護の社会化という制度本来の趣旨に反する。自民党の亀井政調会長は、「子が親を介護する美風」と発言したとされるが、そもそも、介護のために離職する家族が10万人にも達する事実や、介護疲れ・虐待という悲惨な現実が介護保険を生んだのである。

③介護保険料が高くなる市町村では、被保険者、とりわけ低所得の方々に過重な負担を強いることになる。社民党は、市町村の保険料格差を是正するとともに、保険料・利用料について低所得者に対する徹底した配慮を行うべきと考える。また、介護サービスの基盤整備の状況のバラツキや遅れが、制度への不安を助長している。社民党は、整備率を引き上げた「スーパーゴールドプラン」（仮称）を策定・実施し、ホームヘルパーなどの雇用創出・身分保障を早急に行うべきと考える。

④制度に対する多くの期待と準備の努力を裏切らないためにも、予定通りの円滑な実施と不安解消に向けた国の積極的な施策が不可欠である。社民党は、その実現に向け全力を挙げて取り組む決意である。

2000年3月1日　党介護対策本部　介護保険制度スタートに向けての課題と提言。

骨子

①市民参加で2000年4月から円滑に実施運営する制度変更に伴う不安を解消して、制度を円滑に実施する。制度をさらに充実して介護の社会化を進める。緊急の財政措置を含めた効果的な施策を講じる。

②介護サービスの基盤整備に全力をあげる。整備率を引き上げた「スーパーゴールドプラン」を策定。ホームヘルパーなどサービスの担い手を養成して雇用を確保。離島や山間

第6章　社会民主党の介護保険政策の論点　129

など過疎地域における介護サービスを充実。新ゴールドプランを完全に達成。在宅サービスの整備目標を大幅に引き上げスーパーゴールドプランを策定。介護保険により軽減された医療保険等の5000億円を全額介護の基盤整備に投入。身分保障と雇用条件の確立。福祉職俸給表を参考。介護労働に関する最低労働賃金（賃金、労働時間を設定）配置基準の遵守を義務づけ、未達成の事業所には現在の介護労働者に賃金の上積みを行う。養成研修の充実、雇用機会の確保。ホームヘルパー100万人（2005年までに60万人、2010年まで100万人）同性介護を基本、男性ヘルパーを増員。離島や山間なで過疎地域における介護サービスを充実する。家族手当には反対、介護の社会化に反する。在宅サービスを中心に介護基盤の整備に全力をつくす。サービス事業者が参入しやすくするために、介護報酬を厚く設定、財政措置を含めた支援。サービス確保がきわめて困難な地域、過度的措置、特例を認める。家族がホームヘルパー資格を取得し、家族以外の要介護者を介護することが基本。

③老人保健福祉事業を抜本的に拡充。

　一般施策を後退させず、住民、自治体、NPOなど地域全体で寝たきりゼロをめざす。要介護出現率は健康づくりで抑制。要介護出現率13％－10％以下に抑える。明確な目標を設定し、健康づくり事業の評価システムを導入。高齢者向け住宅や年金など総合的な生活保障を充実。高齢者生活福祉センター、ケアハウス、シルバーハウジングなど。安価な家賃でバリアフリー型の高齢者向け住宅を大幅に拡充、増設。配食や移送サービスなど生活支援事業を維持、拡充。

④円満実施のため経過措置として保険料基準額の上限を全国一律とする。市町村間の保険料格差を是正、上限一律2,500

円3年間据え置き、越えた分については国が補助（約2,000億円）保険料の高い自治体、医療施設転用型の療養型病床群や特養が多いため、在宅サービスのシフトを進める。保険料の少し低い自治体は、介護サービスが少ないため重点的に基盤整備を行う。利用料の1割負担、所得要件を考慮したもの。低所得者には保険料、利用料を減免。被保険者の個人所得に応じた減免。所得段階による保険料負担の抑制。自己負担限度額の圧縮。低所得者へのさらなる救済制度。苦情への相談、解決体制を早急に整備。ケアプランの本人作成を支援。支援体制、NPO、NGO、市民、被保険者からなる市民福祉委員会を進め、相談やサービス評価も行う。市町村ごとに身近な相談窓口を設置。オンブズパーソン制度などの苦情解決システムを確立する。調査権、勧告権、公表権など強力な権限を有する介護保険オンブズパーソン制度を各市町村で条例化する。利用者サイドにたった権利擁護事業を充実。社協を中心とした地域福祉権利擁護事業に留まらず利用者サイドにたって常設の第三者機関契約締結審査会（仮称）運営監視委員会（仮称）を各地域で創設し、充実した権利擁護を立ち上げる。情報公開、情報提供を積極的に推進。広報誌や説明会など十二分な広報活動を展開。要介護認定審査会の情報を公開、調査項目、結果などの本人情報を請求、開示、審査会における議事要録の作成、資料の整理、保存開示を義務づける。正確で公正な手続きをするため研修養成を充実して調査員の資質を向上、事務処理要領を作成。サービス事業者の経営状況や労働実態などの情報開示、利用契約の標準約款、情報開示に関する標準指針を作成。利用者がこうした情報へ容易にアクセスできる窓口やセンターを設置。第三者機関によるサービスの質の評価制度を確立。住民本位の総合的な介護、

福祉条例を制定する。住民参加や利用者保護を明確にし、制度を支える理念、住民の権利、市町村や事業者の義務、使いやすいサービス罰則など盛り込み自治体独自の条例づくりを進める。

⑤市町村の独自サービスが従前額保障、NPO等の助成を含めて介護サービスの基盤整備。事業者や審査会などの情報開示。保険料利用料の減免など条例に銘記し、住民本位の介護システムを実現。被保険者代表を委員に含め調査勧告を有する運営協議会（市民福祉委員会）仮称の設置や、苦情解決処理（オンブズパーソン制度）、相談窓口など条例による福祉行政全般に住民のチェックが行き届く仕組みを定める。政府は介護保険改悪は撤回せよ。介護保険特別対策は介護保険制度を根底から覆し、制度を崩壊させるものである。この財源は赤字国債であり、後世代のつけまわし、消費税アップの要因となる。保険料の徴収凍結は社会保険の意義を放棄する保険である以上、過度的にせよ加入者全員が保険料を免除されることはありえない。家族介護慰労金は介護の社会化という制度の本旨に反する。

2001年4月1日　介護保険制度の施行にあたっての声明　社会民主党

①介護保険は施行された。介護保険法は「介護の社会化」と介護を必要とする方の自立支援を進める社会保険として3年前に成立したものである。「与えられた福祉から選択する福祉」への転換をはかる介護保険のスタートは、日本の社会保障にとって新たな1ページになるはずである。

②しかし、小渕自自公政権はスタートにあたり介護保険をゆがめ、理念を根底から転倒させている。政府の「特別対策」は1兆円規模の公費を投入した選挙目当てのバラマキにすぎない。「保険料凍結」は社会保険の意義を放棄するものであり、「慰労金」は家族に金品を与えればいいという不見識

な発想である。こうした小渕政権の見当違いな政策により、今日にいたっても、ヒューマンパワーをはじめとした介護サービスの基盤整備が大幅に遅れ、不幸なスタートになったと言わざるをえない。

③社民党は、1994年には日本の政党としてはじめて公的介護システムの確立を提案した。自社さの連立政権の合意において、介護保険制度の創設が合意され、介護保険法の審議にあたっても社民党を中心に利用者本位の観点から修正を行うなど、一貫して「介護の社会化」や権利の確立に取り組んできた。

④社民党は介護基盤整備を集中的に進め、同時に介護保険と車の両輪となる老人保健福祉事業を抜本的に拡充すべきであると繰り返し主張してきた。基盤整備のための特別措置法の制定や整備率を大幅に引き上げた「スーパーゴールドプラン」の策定などにより、在宅サービスを中心とする基盤整備に全力をあげるべきである。とりわけ、ホームヘルパー100万人などの目標を掲げ、サービスの担い手となる福祉ヒューマンパワーを育成、確保するため身分、賃金保障の確立によって雇用機会を拡充し、誇りの持てる介護福祉の職場にしていかなければならない。また、規定もれやサービス水準の引き上げに対しては市町村の一般施策を拡充し、従前のサービス水準を保障するなど細かく対応していく必要がある。

⑤介護を必要とするすべての方が利用しやすい介護保険とすることが大切である。先進的な自治体ですでに取り組まれているように住民、被保険者参加の仕組みをもつ条例の作成や保険料、利用料の細分化や低所得者に対する減免措置などきめ細かな配慮や事業者の情報公開やサービス評価制度の確立、第三者機関によるオンブズパーソンなど住民参

加と利用者保護を大原則とした介護保険の運営、実施が求められる。
⑥社民党は「分権、参加、生活」でつくるしなやかな福祉社会の創造にむけた第一歩として、この介護保険を位置づけ、若年障害者の課題や第２号被保険者の保険料負担、徴収問題、医療と介護の線引の明確化など施行後もたえず見直しを求めていく。新制度以降に伴う不安や施行後の混乱に対してきめ細かく対応し、住民の手で制度を充実させていくことに全力をあげる決意である。

2001年5月参議院選挙政策「希望の世紀」のための7大政策元気に福祉（安心で健全な活力ある福祉社会を実現）を発表。①創造的な福祉社会を実現。②年金、医療、福祉の総合的な抜本的改革をはかり、国民の権利を保障することを基本に公正、公平を貫く社会保障の機構改革を実現。③一般財源と消費税のミックス方式で福祉を充実。④むだな公共事業を見直し、外形標準課税や環境税の創設、扶養控除の縮小、一般財源を優先的に充当。⑤高額優遇する所得控除方式よりも直接給付できる歳出措置に転換し、再配分機能を強化。消費税については飲食料品にかかる消費税額戻し金制度の創設、実効性ある逆進性緩和策を講じる。⑥住民本位の介護保険を実現し、安心の老後を保障する高齢者の自立支援の介護の社会化を実現。⑦きめ細かな自立支援を応援するため、地方分権を確立。国の役割を明確にする。事務的経費、交通費、各施設との連絡調整は国の負担とする。⑧介護保険の役割も明確にする。介護に関する実態調査、介護計画は事業者に委託するのでなく、住民の声を十分に耳を傾け、自治体自らが実施。ケアマネージャーは、各事業所が設置するのでなく、自治体が責任をもって設置し、介護を受ける高齢者と家族が納得のいく介護プランをたてるべきである。さらに、介護支援

センターの役割を十分に果たすことで各事業所との連絡をとり、介護に関する問題解決にあたることが必要、居宅介護事業者を充実強化する。⑨国から一定の経営補助金を交付、NPOなど地域で生まれた小規模の事業者に対して金融機関から融資できるようにし、運営のために一部を補助する。介護報酬単価を引き上げるとともに、身体介護と家事介護の単価の格差を解消し、交通費や事務費は別途事務費として交付。自立支援に向けたサービス施設を整備する。⑩ホームヘルパー100万人の雇用機会と身分保障を確立。⑪地域保健を充実する。⑫地域での高齢者福祉を充実する。⑬オンブズパーソン制度や情報公開を整備。⑭バリアフリーの住宅建設と道路整備を促進。保険料と利用料負担を軽減し、2005年見直しまで利用者本位を進める、内容は、2000年3月1日介護保険制度スタートに向けての課題と提言と同じである。

2004年12月24日
2005年介護保険制度の改正に向けて
社民党の基本的な考え方
必要な人に必要なサービス。届いていますか、あなたのまちの介護保険
―介護保険制度の見直し―

1. はじめに

　社民党（当時社会党）は、'94年に日本の政党として初めて「介護の社会化」を提言し、与党時代に公的介護に関する法制度の策定を推進してきた。介護保険法は'97年に成立し、2000年に施行された。今回、同法附則第2条（法施行後5年を目途とする制度の見直し）に基づいて、法改正が行われる。

　社会保障審議会介護保険部会は、本年7月30日に「介護保険制度の見直しに関する意見」、12月10日に「『被保険者・受給者の範囲』の拡大に関する意見」（以下、「意見」と略す）を提出し報告を取りまとめた。厚生労働省はこれに基づいて介護保険法改正案を'05年の通常国会へ提出する。

「意見」は、日本がこれから世界に例を見ない高齢社会（「最後の急な登り坂」2015年～2025年）を迎えるにあたり、介護保険制度を持続可能な制度とすることを柱の1つに据えている。この課題は緊急かつ重要である。しかし、「意見」は、財政制度等審議会、経済財政諮問会議の議論と相まって、財源論、財政削減を先行し過ぎるあまり、介護保険制度の理念（介護の社会化、利用者本位、自己決定、公平性）を損ねたり、制度への不信を招きかねない側面が多い。また、施設の居住費用等、自己負担化の傾向が強まっていった場合、介護保険制度の利用は一定水準以上の所得層に限られてしまいかねない。障害者福祉への影響も心配される。
　法の施行から約5年、高齢者への虐待は未だに増加している。介護保険制度は幅広く正確に周知されているのか、世代を超えた理解が深まっているのか。必要な人に、本当に必要なサービスが届いているのか。制度の見直しは、これらの点検と並行して行うべきである。
　以下、介護保険制度の見直しにあたる社民党の視点と具体的な課題についての考え方を列挙する。

2. 介護保険制度の見直しにあたる社民党の視点

○年齢や原因、障害の種類を問わず、公平に介護サービスが利用できる総合的な法制を展望する。
　・今回の改正で第2号被保険者（40歳～64歳）の給付の限定（15疾病）をはずし給付を拡大する。
○介護保険制度の公平性と持続性を保つために国庫負担率を引き上げる
○高齢者が尊厳をもち、その人らしく生きることを支える。
　・地域に密着した小規模・多機能型介護サービスを生活圏域ごとに整備する。
　・増加する痴呆性高齢者の課題に早急に取り組む。
　・老化予防施策、リハビリテーション施策は、自治体が主体となって充実、強化する。
　・ケアマネジメントをサービス事業所から独立させ適正的確な給付を行う。
○公的介護を担う指定事業所の責任強化と情報開示。

・事業所の不正行為を一掃する。
・ホームヘルパーなど介護職の雇用労働条件を改善する。
○地方分権を推進し、保険者である自治体の権限を強化する。
○市民の参画によって、介護保険制度をより公平で、より使い勝手の良いものにする。

3. 具体的な課題
(1) 制度の骨格について
○ 年齢や原因、障害の種類を問わない総合的な介護サービス法を展望する。
○「被保険者範囲の拡大」については議論を継続する。

「被保険者範囲の拡大」は法の根本にかかわる問題であり、今回の改正は見送るべきである。引き続き、「介護ニーズの普遍性」という観点から論議を継続し、年齢や原因、障害の種類を問わず、公平に介護サービスが利用できる総合的な法制を展望する。

〈支援費制度との関係〉

特に障害者福祉との統合については、支援費制度との関係から現在のサービス水準が確保されるかどうか、障害者から不安の声がたくさん上がっている。また、介護保険と障害者福祉との間には「自立」の概念について大きな相違（高齢者の場合、自立が継続すれば介護サービスの必要性は低くなる。障害者の自立にとって介護サービスは必要不可欠）がある。障害者施策の充実と並行して、当事者の合意を得ながら議論を進める。

〈若い世代への負担〉

若い世代（20代～30代）、企業にとって、新たな介護保険料の徴収は大きな負担となる。年金問題と同様に、介護保険と医療保険の空洞化（介護保険料は各医療保険料と一括徴収）が懸念される。年金・医療・介護の保険料負担については、税を含めた国民負担全体を見渡すなかで議論を行う。
○第2号被保険者の給付の限定（15疾病）をはずし給付を拡大する。

第2号被保険者（40歳～64歳）の要介護認定者は0.28％、在宅・施設サービス利用者は0.19％（2003年3月末現在）に過ぎず、保険制度の根幹である

給付と負担のバランスが取れているとは言い難い。今回の改正では、「介護ニーズの普遍性」という観点を広げる意味で、第2号被保険者の給付の限定（15疾病）をはずし、難病・末期がん等でも介護保険が受けられるように改正する。
○当面、保険方式を維持する。

　公的介護は税方式にすべきという意見は、法施行後も繰り返し出されている。しかし、国・自治体の財政が非常に厳しい現状を考えると、サービスの保障という意味で、当面、保険方式が現実的である。また、レセプト請求によって介護サービスの実相が明らかになってきた。

(2) 給付費の増加をどう考え、制度をどのように持続していくか

　この5年間の介護保険給付費の伸びは、新制度の定着過程において当然の現れである。今後も高齢者人口は増加し、根本的な給付費の増大を避けることはできない。

　介護保険は、利用すればするほど費用が直接、保険料に跳ね返る仕組みであり、給付費の増大を、個人・企業が支払う保険料、利用料に全て転嫁することには無理がある。国は社会保障の財源を安易に保険料の引き上げのみに頼るべきではない。介護保険制度の公平性と持続性を保つために、介護給付費の国庫負担率を引き上げるべきである。

　また、介護保険費用の使い方について総点検を行い、保険者に権限を移譲することで、膨大な手続き、事務を簡素化・効率化し経費を軽減する。悪質な事業者を排除するしくみを強め不正請求を根絶する。

○国の介護給付費負担金（25％）を30％に引き上げ、保険料額を抑制する。
○調整交付金（現在国の負担金枠内の5％）を別枠にし、保険者の財政安定を図る。
○保険料は累進制に基づくきめ細かい多段階制へ移行する。個人単位に統一する。
○第2号被保険者の保険料は保険料率の法定上限を設ける。

　第1号被保険者の保険料が15年度から全国平均で約13％上がったのに対し、第2号被保険者の保険料は12年度に比べ14年度は30％上がっている。

○利用料は現行の1割を継続する。

(3) 施設入所者の居住費・食費の徴収について

○施設入所者の居住費・食費を全額自己負担にすることに反対する。

　施設入所者の居住費・食費について、現在の介護保険一部負担をはずし、原則、全額自己負担とすることは極めて問題である。施設に入所している高齢者の収入は年金がほとんどである。国民年金の支給額は月額約6万6000円（40年間加入の場合）、サラリーマン夫婦（標準世帯）は月額約23万5000円である。厚労省の試算によると、特養4人部屋利用者の場合、その負担は月額8.7万円（3.15万円の負担増）である。賃貸住宅に住んでいる高齢夫婦の一方が施設に入居した場合、高額な医療費を必要とする高齢者は、施設入所を断念せざるを得ない。家族等の虐待から避難するために保護を必要とする高齢者は行き場がなくなるケースも予想される。

　高齢者にとって食事は生活の一環である。介護保険の負担をはずした場合、高齢者の状態に合わせた調理技術や質・量を保障することは難しくなる。

　高齢者の尊厳を守り、介護保険の活用をはかる観点から、新たな自己負担の導入には反対する。

○住居の問題は介護保険の枠内で解決を図るのは無理である。住居は、災害への備え、子育て支援、高齢社会への備えなど、幅広く社会資本の整備として考え、対策を講じる。

(4) 新予防給付・介護予防の導入について

　高齢者が自分の能力を活かし自分らしく生きていくためには、要介護状態となることを予防したり、さらに状態を悪化させないよう予防、リハビリを受けることが重要である。予防、リハビリに関する事業はさらに推進すべきである。

〈家事援助一律カットは問題〉

　しかし、軽度認定者（要支援、要介護1）を切り離し、新予防給付（筋肉向上トレーニング、栄養指導など）に移すという「意見」の提言は、「介護予防」ではなく、給付削減を狙う「介護給付予防」の様相が強い。ホームヘルパーの訪問と家事援助（調理、掃除等）によって、自宅で暮らすことが継続できるようになった軽度認定者は少なくない。要介護者の日常生活を反映することなく、サービスの一律的な制限を行うことは制度の不信につながる。

　また、現在も予防給付である要支援層へのサービスが逆に作用し、要介護度

を悪化させているという問題については、サービスの選択肢を減らすのではなく、的確なケアマネジメントを行うことによって解決すべきである。"高齢者の自立を助けるサービス"の中味について、利用者、家族を含めた合意形成が必要である。

〈「予防」に認定は不要〉

そもそも、保険は発生したリスクに対して事後的に支払うことを基本とし、事前策である予防を保険制度に組み込むことは馴染まない。「疾病予防」「老化予防」は一般的に使われている用語であるが、「介護予防」は主体が判然としない。

また、本来、予防は認定を受けて行うものではないが、「意見」が提起する予防給付は認定を必要として、その際、リハビリテーションの専門医、精神科医、歯科医等が必要となる。介護保険が生活モデル、福祉モデルから医療モデルに傾き、"窮屈な制度"になることも懸念する。

〈介護保険会計は負担増〉

介護予防を大幅に保険に組み込むことは、従来の地域事業を介護保険の負担に切り替えることになり、介護保険会計は負担が増す。新たな介護予防認定審査に関わる事務費、筋力向上トレーニングの設備投資・維持管理費等も負担となる。「意見」は介護予防の推進によって、給付が押さえられると強調するが、予防の効果を正確に把握することは難しく疑問が残る。

〈地域に即した介護予防を〉

高齢者にとって最も有効な老化の予防は、地域における人と人とのつながりであり、生き甲斐のある生活であると考える。異なる年齢層との交流も重要である。

これまで、介護予防（寝たきり予防、転倒骨折予防、閉じこもり予防、痴呆予防等）は、市町村の老人保健事業や「介護予防・地域支え合い事業」として、生活習慣等、地域の特色に合わせて行われてきた。より効率的でより効果的な事業を行うためには、保険者である自治体を主体にすべきである。保険者にとって、事業が給付費の抑制につながる効果が得られれば、さらなる取り組みの励みともなる。

○軽度認定者（要支援、要介護1）の家事代行サービスは、個々の生活に充分配慮し、一律にカットすべきではない。
○痴呆性高齢者のサービスカットは行うべきではない。
○介護予防は国が統一的なマネジメントを行うのではなく、自治体が主体となって地域に合わせて行う。
○介護予防は中高年者が継続してこそ効果がある。特に給付の少ない第2号保険者についての介護予防は充実が検討されるべきである。

(5) 24時間の安心を支える地域の体制づくりについて
○市町村が主体となって地域密着型の小規模・多機能サービス拠点を利用者の生活圏域ごとに整備を進める。

住み慣れた地域、慣れ親しんだ人間関係のなかで、その人らしい生活を継続するためには、24時間切れ間のない安心を提供する地域の体制が必要である。

・夜間、緊急時に対応する訪問サービスを充実する。
・緊急時およびターミナルケアを支える医療サービスとの連携体制を強める。
・訪問介護、通所サービス、短期入所、グループホームなど、利用者の状態、環境に応じて、組み合わせ可能、適時適切な介護サービスが受けられる体制をつくる。
・「意見」は「地域包括支援センター」（仮称）を提起しているが、新しいセンターをつくるのではなく、すでに地域に定着している「在宅介護支援センター」を地域福祉の総合的な相談窓口として機能強化し、活用していく。

○痴呆性高齢者に対応したケアの確立を急ぐ。

要介護高齢者に占める痴呆性高齢者のが割合が急増し、身体ケアのみではなく痴呆性高齢者に対応したケアの確立が求められている。

・環境の変化を受けやすい痴呆性高齢者にとって住み慣れた地域での支えが重要である。
・痴呆ケアのマネジメント支援、家族に対する相談・支援体制を強化する。
・痴呆に関する正しい知識と理解の浸透を図る。
・早期発見、適切な診断と早期の対応によって行動障害等の緩和を図る。
・経済的な被害など権利侵害を受けやすい痴呆性高齢者の課題に取り組む。

(6) 要介護認定事務について
　要介護認定事務は作業量が大きく、各保険者は事務の効率化を探っている。また、主治医の意見書はコンピュータ判定を追認する程度の内容で、審査に役立つ情報が得られないことが多く、費用対効果の面から疑問の声があがっている。
○要介護認定事務を簡略化する（認定有効期間の延長など）。
○かかりつけ医の意見聴取は医療的な判断が必要なケース等についてのみ行う。
○認定審査会を簡素化する（定数削減など）。

(7) ケアマネジメントの独立性と資質の確保
○ケアマネジメントの公正・中立性を守るために、居宅介護支援事業所（ケアマネジメント事業所）を、サービス事業所から完全に独立させる。
　ケアマネージャーはサービス事業所に所属しているために、利益誘導型のケアプラン（サービスの囲い込み）を行っている等、批判の対象になっている。しかし、これは制度の構造的な問題であって、個々のケアマネージャーの資質に帰すべき問題ではない。ケアマネジメントの業務をサービス事業所から完全に独立させない限り解決の方法は難しい。
　ケアマネジメントの独立性を保障するために、居宅介護支援報酬を引き上げケアマネジメントのみを行う事業所の設立を可能とすることや、介護保険制度の拠出によるケアマネジメント機関の創設と運営等を検討する。また、保険者によっては、ケアマネジメントを在宅介護支援センターの主たる業務と位置付けている所もある。
○ケアマネージャーが本来の役割に専念し、能力が発揮できるよう環境を整備する。
　ケアマネージャーは、まさしく介護保険制度のキーパーソンである。高齢者の状況を判断し、適切で効果的なサービスを提供できるかどうかはケアマネージャーの肩にかかっていいる。
　・ケアマネージャーが本来の役割に専念できるよう煩雑な事務作業を簡略化、または切り離す。
　・1人当たりの標準担当件数を月35件〜40件程度に見直す。
　・ケアマネージャーの定期的な研修を義務化する。

・ケアマネージャーが策定したケアプランについて、チームで点検、検証が充分にできるよう体制を整える。

(8) ホームヘルパーの身分・待遇の改善と教育・訓練・研修の強化

公的介護を最前線で担っているのはホームヘルパー（訪問介護労働者）である。しかし、その雇用形態は登録型がほとんどで、不安定な雇用と低賃金のなかに置かれている。労働環境の低さは、より弱い者へと向かい、利用者である高齢者への待遇、サービスの質の低下につながる。ホームヘルパーが公的な介護を支えているという自覚をもちながら働くことを可能とするためには、まず身分・待遇の保障が不可欠である。

ホームヘルパーは利用者の各家を訪問する都合上、自宅から直行直帰のため、横の連絡が取りにくく、情報の共有、技術の蓄積が困難な状態に置かれている。ホームヘルパーの教育・訓練・研修を指定事業者に課すことで、ホームヘルパーの地位の向上、サービスの質の向上を図る。

○指定事業所にホームヘルパーの身分・待遇を改善させる。

都道府県労働局長宛の通達「訪問介護労働者の法定労働条件の確保について」（2004年8/27基発0827001号）は、社民党の強い要請によって出された。通達の内容（就業規則の提示、移動時間・業務報告書等の作成時間・待機時間・研修時間等の労働時間取り扱い、キャンセル時の休業手当など）を指定事業者に周知徹底させる。

○指定事業者の過剰なマージンを規制する。
・サービス事業所の過剰なマージン（管理費・利益費）を規制し、介護保険報酬の60％以上を賃金として労働者に届くように指導を行う。
・事業所に、社会保険（労災保険、雇用保険等）の加入を徹底させる。

○ホームヘルパーの定期的な教育、訓練、研修を指定事業所に義務付ける。
○介護記録の共有化への公的支援を行う。

(9) 事業所への指導・監督強化

事業所が受け取る費用は、1割が利用料、9割が公費（税と保険料）である。その点で、介護保険の指定事業所は他の民間営利事業所とは明らかに質が異なる。一部の事業所のなりふりかまわぬ勧誘活動、架空請求等の不正行為は介護

保険制度の信頼を失墜させる。事業所に、公的介護を支えているという認識、公的責任を徹底させなければならない。
○架空・水増しなど不正請求、事業者・施設ぐるみの虐待が疑われるケース等、事業者の不正行為について保険者の指導・監督権を強化する。
○劣悪な事業者をすみやかに市場から排除する仕組みを制度化する。（事業者の指定更新制を導入、指定取り消し、再指定の要件の厳格化）。

(10) 事業所の情報公開と第3者による評価制度の導入
　利用者の選択権を保障するためには、各事業所のサービスの内容・質を客観的に評価し、公表する制度が必要である。
○事業者に情報開示を義務づける。
○情報開示の標準化（厚生省）、第3者評価（自治体）を早急に進める。
○利用者、地域の市民団体等が指定事業所についてパブリックコメントを出すことを推進する。

(11) 介護職の医療行為について。
○ヘルパー、施設職員など介護職が行える「医療行為」の範囲を検討し、生活に必要な最低限の医療行為（つめ切り、点眼、湿布貼り等）を可能にする。

(12) 高齢者の尊厳を守る
　施設における身体拘束、施設ぐるみが疑われる入所者への虐待事件は後を絶たない。また、在宅での親族等による高齢者虐待は増加傾向を示している。高齢者の尊厳を重層的に守る。
○介護保険の仕組みを知らせ利用を働きかけることにより、家族介護の孤立化を防ぐ。
○介護サービスオンブズパーソン制度を各自治体ごとに設置する。
○自治体が率先して、高齢者の身体拘束をなくしていく。
○成人後見制度について、介護保険制度の適用を検討する。
○地域福祉権利擁護事業の活用。
○高齢者虐待禁止法の制定。

(13) 介護保険制度からこぼれ落ちる課題への対応
○老人福祉法を積極的に活用する。

介護保険制度が導入されてから保険者である自治体は介護保険のみに集中し、その結果、福祉事務所の機能が低下するなど、幅広く目配りの行き届いた福祉ができなくなってきている。虐待、年金の横取り、病院・施設への入所、様々な理由により、措置を必要とする高齢者は必ず存在する。低所得者の救済、緊急時への対応等、介護保険制度からこぼれ落ちる課題について、セーフティネット（安全網）を充実する。老人福祉法を活用する。

(14) 地方分権の推進と地域格差の是正

　膨大な国の通達や政省令によって保険者をしばることをやめる。保険者、介護サービス従事者のエネルギー〈労力〉は書類にではなく、利用者へ向ける。

○保険者が計画的なサービス供給の役割を担えるよう機能を強化し、権限強化を図る。

○基盤整備等について地域間格差が広がらないよう国の責任で手当を行う。

○中央集権的な従来型システムを地方主権型のシステムに転換し膨大な間接費用を削減する。

(15) 市民の参画

○市民の参画で介護保険制度をより公平で、より使い勝手の良い制度へ。

　市民が主体となって政策の立案にかかわっていこうという機運のなかで、介護保険法は、NPO法、情報公開法、男女共同参画社会基本法、地方分権一括法と時期を同じくしてつくられた。

　介護保険法117条5項「市町村は、市町村介護保険事業計画を定め、又は変更しようとするときは、あらかじめ、被保険者の意見を反映させるために必要な措置を講ずるものとする」は、市民参画条項ともいえる条文である。介護保険制度の見直し、改正にあたっては、市民、利用者の声を積極的に反映させる。

2005年3月22日

第162回国会　本会議（平成17年3月22日（火曜日））代表質問

介護保険法等の一部を改正する法律案に対する代表質問

　　　　　　　　　　　　　　　　　　社会民主党・市民連合　阿部知子

　私は社会民主党・市民連合を代表して、介護保険法等の一部を改正する法律

案について、総理並びに厚生労働大臣に質問を行います。

2000年4月にスタートした介護保険制度が、5年目の見直しを迎えました。

2025年、3人に1人が65歳以上という未曾有の超高齢社会を迎えるにあたって、年金、医療、雇用、労働災害に次ぐ5番目の社会保険として「介護」を社会的に支えるしくみが発足したわけですが、一方で私どもの国の社会保障は深刻な危機に瀕しています。

まず、生活の基盤そのものを支える現金収入となる年金制度は、昨年の百年安心といわれた年金改革にもかかわらず、国民年金・厚生年金の空洞化はとどまるところを知らず、他方、世界に誇る国民皆保険制度として敷かれた国民健康保険制度も、460万人以上の未納者を抱えてしまっています。

また、社会の大切な支え手である働く世代も、非正規雇用の増大とも相まって社会保障すらなく、年々下がる一方の賃金の下で日々の労働に追い立てられており、自殺者5年連続3万人以上という社会を生み出しています。

しかし、現状がどうあれ私たちはその社会に絶望することなく未来を語り、未来を創ることができる存在であることも、また真実です。

明日の天気は変えられないけれど、明日の社会と政治は国民1人ひとりの思いによって変えることができる。日本国憲法にうたう国民主権とは、そのような主体としての国民に最大の期待を寄せているはずです。

その意味ではこの介護保険を見直す視点も、単に利用者が5年前の150万人から400万人に増加し、介護給付総額が6兆円に達した云々という論理からではなく、介護保険制度に国民が何を求め、この5年間が何をもたらし、また今後どうあってほしいと考えているのかを原点においた見直しこそ、重要となるはずです。

〈予防給付の導入〉

そもそも介護保険に求められたものは、「介護が必要となってもその人らしく尊厳を持って生きられる」ための制度でした。そこには老いを受容し、「介護の社会化」を図ろうという強い意志がありましたし、1人1人が孤立して老いや障害を抱えるのではない社会像が生まれました。

しかし、今回の見直しにかかわる政府提案ではこのような老いの受容をめぐる

哲学がいつの間にかすりとすり替えられて、とにかく要介護状態にならないための手段として介護保険が新予防給付として、更に切り分けられようとしています。
　曰く、介護保険導入後、要支援、要介護1の人たちが著しく増加し、軽症者にホームヘルプサービスなどを提供することが、本人が何もせず動かなくなることで「廃用症候群」を作ってしまう等々、在宅の重要な要である居宅介護を切りつめて行こうとする方向です。
　それに替わる筋力トレーニングなどのメニューのために新段階を設定し、新たな認定作業と利用者の選別が行われますが、栃木県大田原市を例にとれば、要支援、要介護1、443人のうち、この新たなメニューの可能な人は63人、わずか14％しかいないなど、都市部でさえ利用者は極めて限定され、まして町村部では新たな支援対象を切り分けることすら難しく、結局はこれまでのサービスも利用できずに負担あって給付なしの高齢者が生まれます。
　こうした実態を果たして厚労省はつまびらかに把握しているのか否か、厚生労働大臣に伺います。
　そもそも発生したリスクに対して事後的に支払うことを基本とする保険にあって「予防」を保険給付対象にすることの適否や、それによる費用膨張をどう判断するのか。むしろ介護予防は地域ぐるみの保健活動の中で乳幼児期から高齢期までの一貫したプログラムに組み込んでいく地域保健行政の充実をこそ図るべきと考えますが、小泉総理はいかがお考えでしょうか。
〈徹底した利用者側の視点の確立を〉
　まず、国民、利用者の視点に立ったとき、この介護保険の見直しは、この保険がいかに広く国民に知られ十分利用されているのか、また利用勝手はどうかから始まるはずですが、利用者の声をどう聞かれたのか、厚生労働大臣に伺います。
　とりわけ介護保険が発足して以降、全ての社会福祉サービスの窓口が介護保険に切りつめられている現状や、医療保険と違いミーンズテストがあって利用者のアクセスが複雑で、どうすれば必要な介護保険が受けられるか十分理解されていないという初歩的問題、更には自己負担額の心配からサービス利用に抑

制がかかり、利用率が伸び悩んでいる反面、要介護度4．5の方々はサービス上限まで利用しても週2回の訪問看護、一日3回のホームヘルプでは在宅を担いきれず施設入所が増えている実態等々、十分把握されるべきと考えますが、厚生労働大臣に伺います。

〈いわゆるホテルコストについて〉

こうした現状が十分に検討されずに、まず財政面から利用者の自己負担増が図られたのが今回のホテルコスト論です。冒頭申し上げたように年金支給への不安が払拭されないまま、本来現物給付として提供されるべき医療や介護の自己負担増があれば、当然負担に耐えられない層の発生と、いつまで続くかわからない介護への不安は増大します。

この間、医療の分野でも食費の負担を特定療養費として医療保険からはずし、加えて介護の分野でも介護保険給付の枠外におくやり方は現実には弱者に著しい負担増を強いています。

低所得者への配慮は語られますが、利用者本人の収入ではなく、世帯収入という考え方がとられるため、実際の減免を受ける人は極めて限られ、むしろ家族への負い目を感じざるを得ないケースや生活が分断されたための負担増はきちんと勘案されていません。介護の社会化というからには今後はきっちりと個人単位の所得に基づく徴収も考えるべきではありませんか。厚生労働大臣に伺います。

併せて、居住費については老いの住まいの問題全体を十分国政の中で検討すべきであり、利用者がどこに住もうかを選択できる状態を作った上で検討されるべきです。我が国の現状では、同居の家族に遠慮せず夜間の訪問看護を受けられるほどの居住空間を持つ人は決して多くはなく、かつ単身となれば、重度ではとても介護保険で在宅をまかないきれないのは先に述べたとおりです。こうした「住まい」の問題の深刻さを総理はどう認識しておられるのでしょうか。

〈介護労働者の待遇、身分保障について〉

この間、グループホームが数を伸ばし、介護保険導入前の266カ所から現在6000カ所にまでなっています。しかし先日の石川県のグループホーム入所者の虐待死に例をとるまでもなく、介護現場は手薄な人手、不安定雇用、低賃金の

三重苦の下で、そこで働く人たちの誇りや生活や研修を十分保障する職場とはなかなかなり得ていません。この事件は現在150万人にも及ぶ介護労働者の実状を放置してきたことの当然の帰結ともいえます。

厚生労働省として、こうした介護現場の改革のためにその労働実態の把握、さらに改善にどう取り組むのか厚生労働大臣にお伺いいたします。

〈介護保険の今後〉

政府案の附則は「被保険者・受給者の見直し」についての2009年度を目途に所要の措置を講ずるとされていますが、現在40歳から64歳の第2号被保険者の保険給付は15疾患に限定されているため、要介護認定0.3％、サービスの利用は0.2％にすぎず、保険料負担と給付のバランスを著しく欠いたものとなっています。

介護の社会化をさらに広範な支え手の意識、とりわけ若い人たちの理解と共感の上に実行、維持していくことが、社会の価値のあり方として重要と考えますが、その前提には現状の介護保険制度をきちんと保険制度として充実させることが不可欠で、まずこの第2号被保険者の給付制限を取り払うことから始めるべきと考えますが、厚生労働大臣いかがお考えですか。

また、中期的には保険料の設定を個人賦課方式に徹底し、さらにきちんとした累進方式へと転換し、国庫負担割合を増やして安定を図るべきです。この点について総理はいかがお考えですか。

国民の十分な理解と納得なくして、社会保険制度の維持がなしえないことは年金問題の教えるところです。迂遠に見えても真にこの介護保険を定着させるための道を国民の皆さんと共に求め歩むことを決意して私の代表質問といたします。

・介護保険法等の一部を改正する法律案の審議。
・ホテルコストなどの利用者負担について。
・地域包括支援センターについて。
・法案に対する反対討論。
・ホテルコストなどの利用者負担について。

○福島みずほ君

社民党の福島みずほです。

参議院でこの介護保険改悪法案が議論になり、様々な問題点が出てきました。とてもこのまま成立させるわけにはいかない悪法だと思います。

社民党は、介護保険という制度が介護の社会化という点で必要であるということで賛成をもちろんして、制度は必要だと考えております。しかし、今回の改悪法案は、財政縮減のことだけで、現場の人たちにしわ寄せを本当にする改悪法案だと考え、賛成をするわけにはいきません。

ホテルコストなどについて、税制の大幅な見直しについて一言お聞きをいたします。

平成18年度、平成17年度分から実施される税制改正、公的年金控除額の引下げ、老齢者控除の廃止等によって住民税非課税世帯が課税対象となるケースは概算で約100万人です。これに併せて、居住費、食費の軽減を受けられる低所得者は減少をいたします。

政府は、激変緩和措置を、利用料負担段階が2段階上昇する者は1段階にとどめる等を行うと答弁をしていますが、経過措置にすぎません。税制改正による影響は、国税、地方税のアップ、国民保険料、介護保険料のアップ、施設利用料のアップ等に連動をいたします。さらに、定率減税の縮小が追い打ちを掛けております。高齢者にとっては何重もの打撃です。法案はこの部分を無視しております。

本日も、この問題、ホテルコストの問題などについて、保険料及び利用料についての2年間の負担軽減措置についての確認答弁がありました。しかし、私は思います。一気に殺してしまうのか、それとも2年間の猶予を与えてじわじわ殺すのかと、そういう違いになってしまうのではないでしょうか。2年間の猶予があったとしても、それはしょせん激変緩和措置にしかすぎません。最終的には負担増です。この点について、大臣、いかがでしょうか。

2年前は健康保険の改悪。去年はこの委員会で年金の改悪法案。介護の保険料は引き上げる、給付は引き下げる。そして、今回、介護保険のやはりしわ寄せ、ホテルコスト、どんな人も最低3万1,000円、月に負担しなくちゃいけない。もっと、おとといの答弁でも、契約で決まるので食費、光熱費は上がる可能性

がある。そして、来年は医療制度の見直し、2007年は税制の見直し、税制の提言があります。骨太方針が提案をされましたけれども、構造改革の中での二極分化、その中での福祉切捨て、これは断固として許せないと思いますが、大臣、いかがですか、これで大丈夫なんでしょうか。
○福島みずほ君
　この委員会の中で、では事業主としてどうなるのかという質問に対して十分私は答えが出たとは思いません。実際、払えない人をじゃ追い出すのかということが現場で起きてしまいます。在宅生活を支えるショートステイ、デイサービス、デイケアにも負担増が及びます。在宅と施設の不公平を是正するという改正の理由に矛盾するものではないでしょうか。
○福島みずほ君
　ショートステイやデイサービス、デイケアの段階における例えば食事が非常に本人の例えば栄養にとって重要であるということは指摘がされています。今回、保険の対象外となることによって、例えばデイサービスに行くのにお握りをコンビニで買っていくとか、極端ですけれども、非常にそういうことが起き得るのではないか。公平といいながら、結局はあらゆるところで負担増になっていくのではないか。在宅と施設の不公平を是正すると言うけれども、在宅で今度はショートステイ、デイサービスを利用する人にも負担増が及ぶという問題があります。保険制度の下でどこまで低所得者対策を行うかにとって、もっときめ細かい議論が必要です。低所得者に対する利用料の軽減措置がない中で、今回わざわざ保険の対象外とする介護保険3施設の居住費、食費について、低所得者対策を保険料で行うのはなぜですか。保険料の対象にしない、だけれども低所得者対策は保険料で行う、これは制度として矛盾していると考えますが、いかがですか。
○福島みずほ君
　この委員会を通じて税とそれから保険の仕分について質問をしてきました。やはりここで理解できないのは、低所得者に対する利用料の軽減措置がない。そして保険の対象外と介護保険3施設の居住費、食費はなるにもかかわらず、低所得者対策を保険料で行うというのが理解できないんです。局長はそれに真

っ正面から答えていないと思いますが、いかがですか。
○福島みずほ君
　いや、それは違いますよ。税金を投入するという部分があるからこそ税金の使い道について私たちは言っているわけで、介護保険の中に税金が使われていることはもちろん了解をしています。

　私の問題関心は、保険の対象外としながら、居住費、食費についての低所得者対策を介護保険という保険制度の中でやるのはどうなのかという質問です。それは、今まで一貫して地域包括支援センターの業務についても保険と税の関係について聞いてきたところです。なぜ人が介護保険の保険料を払うのか。その介護保険という制度の中において、保険料をそのために使うということが税でやるべきなのか保険でやるべきなのか、ここでもまたあいまいになってきているというふうに思います。私は、今回、どこまで低所得者対策を行うかについてもっと議論をすべきであると。このままで保険料負担者の理解が得られるとは思っていないということを申し上げます。

　本日も出ましたが、新たな負担を課すに当たって、10月実施は余りにも周知期間が短いです。保険者である自治体も次の議会は9月です。他の多くは四月施行予定であるのに、なぜホテルコストと食事の自己負担化のみ先行して十月実施なのでしょうか。
○福島みずほ君
　大臣はそう答弁をされますが、私の一番違和感は、とにかく財政、お金の点だけで、現場の事情も説明責任も周知徹底の期間も関係なく強行がされるということです。そこに根本的な問題があります。やはり、要支援、要介護1の人たちの家事援助サービスを抑制する意味で、隠れみのとして新予防給付が使われているのではないか。それから、施設に入っている、特養などに入っている人からもしっかりお金を取ると、ホテルコストを、とにかく周知徹底の期間が不十分なまま。これから地方議会はもう大混乱ですよ、九月の段階で。十月からもうとにかくホテルコストを負担をしていただくという、本当に財政の点からだけ言われる。

　じゃ、重度の要介護4、5の人たちの施設の中での処遇、あるいは在宅の処遇

がじゃ手厚くなるかというと、そうではありません。保険料のお金が地域包括センターという形で、だばっとどこかに、分からない、今まで税でやっていたようなところに流れていく。一方で、どこに行くか、保険料が、分からない、一方で物すごく縮減をしていく、こういうお金の使い道は将来に必ず禍根を残すというふうに考えています。

　大臣、お金のことだけしか言わなくて、現場の福祉をこんなに早急に激変して本当によいのでしょうか。

〇福島みずほ君

　やはり理解ができません。介護保険制度をつくったときの契約と全く違う中身が今回スタートをする。月何万もの負担は個人にとってもかなり多額です。

　今、本当に高齢者の問題は、自分自身の親の問題でもあり、本当にみんなの問題でもあります。自宅で重度の人を介護するのがやはり本当になかなか難しい。地域で見たいと思っても難しい。じゃ施設に入れるか、それだって待機をしなければなかなか入ることはできません。今回、要支援、要介護1などでは入れないことになるわけですから、なかなか入れない、待機者が多い。じゃ、施設に入ったら、今入っている人たちに関してホテルコストなど最低月3万1000円掛かると。どっちに行っても本当に大変という事態が起きます。

　私は、厚生労働省が財務省に頭を下げるのが嫌なのかどうなのかよく分かりませんが、この介護保険の制度の中で無理やり財政の面からだけで制度を切って急いでいくというのは、本当に厚生労働省としての責任を全うしていないというふうに考えます。

地域包括支援センターについて

　次に、地域包括支援センターについてお聞きをいたします。

　現在、在宅介護支援センター、1万軒あります。この5年間、みんな頑張ってそれぞれ在宅介護支援センターができてきたわけですが、地域包括支援センターとのすみ分けは一体どうなるのでしょうか。

〇福島みずほ君

　この委員会の質疑を通して、地域包括支援センターが一体どういうものになるのか具体的に余り見えてきていません。

衆議院の厚生労働委員会では、例えば、質問で、東京都の説明では、この包括支援センター、給付費の3％を上限としているけれども、ある区においては、3％といえばそこは3億円、既に老人保健事業だけでもう3億円を超えている、地域包括支援センターの人件費をこの中から出すととても十分な財政はない、厚生労働省は3％を超えたものは地域で負担してくださいという話をしているけれども、現行サービスを落とすわけにはいかないと。結局、地域包括支援センターがまた成り立っていかないのではないかというようにも思っています。これまた衆議院の答弁で、人口2、3万人に1か所が1つの目安、5000か所、6000か所ぐらいではないか、町村等において3人全部そろえられるかどうか、小規模の場合などについての簡便的なやり方などについて工夫の余地があると局長は答弁しています。
　では、お聞きをいたします。この地域包括支援センター、3人必要だというふうになっております。社会福祉士、保健師、主任ケアマネジャー、3人いて何百件とここで処理していくというふうに言われているんですが、3人そろわなかったらどうなるんですか。
○福島みずほ君
　この地域包括支援センターが絵の、かいたもちになるか、うまく機能しないんではないかと心配をしています。せっかく今まで在宅介護支援センター、5年間掛けてみんなでつくってきました。このもっともらしい表に社会福祉士、保健師、主任ケアマネジャー、3人とありますが、局長は答弁で、3人全部そろえられるかどうか、工夫の余地があるのではないかと答えています。
　結局、この3人の機能分担と、どういうことを地域包括支援センターでやっていくのかよく見えません。しかも、それなりの今までのすみ分けがどうなるか、今までつくったものをつぶしてしまうかなど、本当に問題となります。
　老人健診について聞いてきました。65歳以上の介護予防事業に老人健診が入ってくる。健診のお金も聞きましたが、現行だと、自己負担1300円、集団健診は4,247円。保健所は自己負担1,200円、全部で4,023円。医療機関は自己負担2,400円、集団は7,933円となっています。今でも利用料という形では本人負担しているのですが、将来この地域包括支援センターの中で老人健診が行われる

となれば、被保険率も下がり、むしろ予防が阻害されるのではないでしょうか。

結局、医療保険の中でこの利用料が決まると。とすると、自己負担1300円というよりはるかに高くなることも考えられます。その点はまだ確定できてないのではないですか。

○福島みずほ君

結局、具体的に利用料が幾らになるか分からないわけです。しかし、少なくとも今まで税でやっていたものが介護保険のシステムの中に入るわけですから、利用料が高くなる。と、健診をあきらめてしまう、やれない人たちが出てくる。このことは、結局、保険財政が悪化すれば必要な事業の縮小などが出てくるのではないか。悪化になる、老人健診が落ちるということを申し上げます。

重度要介護者を自宅で受けられるよう介護保険を充実させることが先決です。現行の介護保険サービスでは、利用者負担上限額まで使っても重度の要介護者を支えることは困難です。在宅と施設のバランスを図るのであれば、重度要介護者に対する在宅サービスを充実すべきです。

また、平成16年度から特養ホーム建設費の補助金が3分の2に縮減され、自治体は整備計画のめどが立っておりません。特養待機者が全国で34万人を超えるという現実を見据えるべきで、そのことに対する回答が今回の介護保険改悪法案にはない。よって、賛成できないということを申し上げ、私の質問を終わります。

反対討論

○福島みずほ君

私は、社会民主党・護憲連合を代表して、介護保険法等の一部を改正する法律案について反対討論をいたします。

第1の理由は、新予防給付の導入によって、要支援1、2に振り分けられる軽度の要介護者、150万人から160万人のサービスが抑制されることです。サービスが予防目的に限定され、利用限度額も低く抑えられれば、利用者が在宅の生活を継続することが困難になります。政府は、適切なケアマネジメントに基づいて提供される家事援助は認められると答弁をしていますが、法案の細部は政

省令によって定められるため、利用者の不安は払拭できません。

また、新たな介護予防メニューの切り札として出された筋力向上トレーニングは、市町村モデル事業中間報告からも、効果の明らかなサービスであるという結果は得られませんでした。高価なマシンと専門家を必要とする筋力向上トレーニングの費用対効果が全く検証されていないことも非常に問題です。

第2の理由は、介護保険3施設における居住費、食費を保険から外して自己負担化することによる利用者への負担増です。同負担は、在宅の生活を支えるかなめであるショートステイ、デイサービスなどにも及び、在宅と施設の不公平感を是正するという改正理由にも矛盾しています。

また、低所得者への配慮も不十分で、年金収入を上回る負担を余儀なくされる利用者が出てきます。17年度税制改正により、来年度から住民税課税ラインが変わり、居住費、食費の軽減対象から外れる層が増え、事実上、低所得者は介護保険3施設の利用を制限されることになりかねません。税、保険料、居住費、食費、重複する負担増についても考慮がなされていません。

一方、在宅や他の施設の低所得者について利用料の軽減がない中で、今回、保険外とする居住費、食費についてのみ保険料で軽減を行うことも安易なやり方です。

施設と居住の違い、施設が食事の提供に責任を持つことの意義、食事の持つ介護予防効果、施設建設における公費補助の大きさなどを考慮し、居住費、食費は引き続き保険給付内にとどめるべきです。同負担の施行予定を本年10月としていることについては、余りに周知期間が短く、乱暴です。

第3の理由は、地域支援事業への介護保険料の投入が保険財政を悪化しかねないという点です。地域支援事業の介護予防対象者は、認定で自立とされた非該当者で、本来、給付の対象ではありません。また、老人保健事業、介護予防・地域支え合い事業などを地域支援事業に再編することは、公費支出を保険料に肩代わりさせ、国の責任を弱めることにつながります。介護保険制度が国民の信頼を得ていくためには、保険料の使途を厳格にすべきです。

本法案は、在宅で暮らす重度の高齢者とその家族の困難、地域間格差の是正、そして介護労働者の労働条件等について何ら改善策を示していないばかりか、

介護予防を隠れみのに国庫負担の抑制のみを優先させ、利用者、保険料負担者に過重な負担を強いるものにほかなりません。

　本委員会において公聴会、中央公聴会をやろうということがある程度提案をされ、一時期、地方公聴会の日程も決まりました。しかし、それが中止あるいは延期と残念ながらなり、今日に至るも地方公聴会、中央公聴会は実現をしておりません。介護保険といった国民の生活に密着した制度こそ地方公聴会、中央公聴会がなされるべきです。

　様々な問題点が出てきている今、会期の本当に終了が間近に迫った本当に切迫した今に、なぜ、課題山積の今、疑問点が出てきている今、地方公聴会、中央公聴会もやらないまま採決に至ったのか、怒りに堪えません。

（出所：社会新報　社会民主党ホームページ）

第7章
自由党の介護保険政策の論点

　自由党の介護保健対策の論点を、時系列に調査分析した。内容は以下のとおりである。

1998年3月　　　タブーなき改革の緊急政策を発表。
　　　　　　　　21世紀の超高齢社会における社会保障を中心とする歳出の増大は消費税をもって賄う。本格的なNPO制度をはじめ、個人が自由に社会活動を行える仕組みを確立する。

　　6月　　　　参議院選挙　自由党公約を発表。消費税を福祉目的税とし、年金給付水準を守り社会保険料は引き上げる。
　　　　　　　①老後の生活不安（年金、医療、介護）を一掃し、充実した人生設計を確保するために消費税は基礎年金、高齢者医療、介護など社会保障費用に限定し、それ以外には使わない。
　　　　　　　②年金、医療保険料などの国民の直接負担を減らし、社会の活力を維持する。
　　　　　　　③社会保険方式を消費税方式に改め、社会保障制度と給付水準の維持、安定をはかる。

　　12月10日　平成11年度予算編成、税制改正に関する重点事項を発表。
　　　　　　　　介護については、負担を社会保険方式から公費負担を中心とする税方式に改める。このため保険事業実施に係る予算については削除する。ただし、介護制度整備のための施設、人材等にかかる予算はこの限りではない。

1999年3月18日　統一地方選挙政策を発表。住民が主役、フリーフェアオープ

ンな地域社会へ。
①消費税の社会保障目的税化。
②基礎年金の国庫負担引上げと保険料の引き下げ。
③保険事業の安定化と国保事業の広域化。
④安心できる介護制度の構築。
　介護サービスが円滑に受けられるように、施設、マンパワーの整備状況等を財源のあり方も含めて総点検し、積極的に整備を行い、安定した介護制度を構築する。

1999年6月7日　自由党第2回定期全国大会運動方針を発表。これからの自由党、介護については従来と同じ。

10月14日　3党連立政権　政治、政策課題合意
　高齢化社会での生活の安心を実現するため、まず2005年をめどに年金、介護、後期高齢者医療を包括した総合的な枠組みを構築する。それに必要な財源をおおむね2分の1を公費負担とする。基礎的社会保障の財源基盤を強化するとともに、負担の公平化をはかるため消費税を福祉目的税に改め、その全額を基礎年金、高齢者医療、介護をはじめとする社会保障経費の財源にあてる。当面は、平成12年4月から新しい制度を円滑に実施するために高齢者の負担軽減、財政支援を含めた検討を急ぎ、10月中の取りまとめをめざす。その際、税、社会保険料全体としての家計負担への影響に配慮する。

2001年7月5日　参議院通常選挙重点公約を発表。
　消費税5％は福祉目的税化し、基礎年金、介護、高齢者医療などの基礎的社会保障の財源にあてる。これにより、基礎的社会保障の負担を公平化して財政基盤を安定させ、国民の将来不安を取り除く。

　　　　　　　　　（出所：自由党機関紙　自由党ホームページ）

第8章
自由連合の介護保険政策の論点

　自由連合の介護保険対策の論点を、時系列に調査分析した。内容は以下のとおりである。

2001年7月5日　　第19回参議院通常選挙重点公約
　　　　　　介護の問題
　　　　　　　利用者が介護サービスを安心して受けられない。1割負担のため本来受けるべきサービスよりも利用を減らす人が増えている。利用者が希望どおりに介護サービスを受けられない。医療の場合は、体の調子が悪いと自分の判断で診療を受けることができる。一方、介護の場合は要介護認定が必要。医療を受けるような自由さがない、解決方法は健康保険でカバーする。医療の水増し請求で4兆円、厚生労働省の推定では8兆円。過剰医療（不必要な手術、不必要な投薬、不必要な検査）による損失5兆円。国公立病院の赤字1.5兆円。効かない薬、医療機器、器材費用の不正常な価格による損失2兆円。少なくとも12.5兆円、これを解決するだけで介護保険料、介護サービスに必要な4兆円は確保でき、介護保険料、サービスの自己負担も要らなくなる。

介護保険は必要なのですか？

1．自由連合は、介護保険導入に反対でしたか？　Yes
（理由）介護保険には、家庭内で抱えられてきた介護を社会で面倒をみる（社会化する）という意義があります。この点では評価できます。しかし、従来医療には健康保険があります。介護をこの健康保険でカバーすればこの目的を達成できるわけです。実際、医療費を正しく使えば介護保険は必要ありません。だから、新規に介護保険制度をつくった今回の介護保険導入には反対しました。

2．今ある介護保険、問題が山積していると思う？　Yes
（理由）大きな問題は、次の2つです。
(1) 利用者が介護サービスを安心して受けられない。
・1割負担のため、（本来うけるべきサービスよりも）利用を減らす人が出ています。
(2) 利用者が希望どおりに介護サービスを受けられない。
・医療の場合は、体の調子が悪いと自分の判断で診療を受けることができます。一方、介護の場合は認定が必要。医療を受けるような自由さがありません。
　実は介護保険は、医療・福祉サービスを有料化する・できれば提供しないようにするという政策の一環でおこなわれています。これは、健康保険制度が破綻しかけており、希望通りに診察などのサービスを提供しにくくなっていることが背景にあります。ここで、コストをかけないで、上の2つの課題をクリアすることが必要なのですが、そのための真剣な取り組みはなく、結果として低所得者層へのしわ寄せやサービスへの不満になっています。
（何が一番問題か）低所得者層へのしわ寄せ。例えば、月額4万円しか年金をもらっていない人にも介護保険料およびサービス自己負担がかかっています。
（解決方法が、我が党にはある？）Yes
　本来、健康保険により介護をカバーすべき。
　ただし、この健康保険（年間30兆円）は不透明で非効率であるばかりか、結果として患者さんへのサービスを低いレベルで安定させるという問題をおこし

ています。医療費の水増し請求だけで4兆円、厚生省の推定では8兆円にのぼるともいわれています。過剰医療（不必要な手術、不必要な投薬、不必要な検査）による損失5兆円。国公立病院の赤字による損失1．5兆円。効かない薬、医療機器・器材費用の不正常な価格による損失2兆円で、少なくとも12．5兆円。丸めた数字でも10兆円に上る非効率があります。これを改善するだけで、介護保険料および介護サービスに必要な財源4兆円は確保でき、介護保険料もサービス料の自己負担もいらなくなります。

3．介護保険法の一部または、全面改正が必要だと考えている？　Yes
（理由）上記のように介護保険はそもそも不必要です。さらに付け加えて、介護にしても医療にしても、「介護も医療も不要な状態」が一番よい、言い方を変えれば、予防医療に重点がある状態が正常な状態といえます。
　世界では日々新たな医療技術などが開発され、より効率的・効果的に治療を行えるようになっています。医療従事者の絶え間ない技術向上への取り組みにより、医療の質を下げずにむしろ上げて入院日数も薬も減らすことはできます。人間ドックを徹底することにより、病気が悪化する前に手が打てるようになるから手術や検査を減らすこともできます。健康相談や医療講演などにより医療知識を普及することにより、そもそもみんなが病気にかかりにくくできます。このような逆転の発想に立つことが必要なんです。
（どの部分改正？）重い介護をできるだけ受けなくてすむように、予防介護的レベルの導入が必要と思います。要支援の人を支えることが、結果として要介護を少なくします。
　もちろん、介護保険の廃止および、健康保険の制度改正、なによりも医療・福祉従事者の意識改革が必要なのはいうまでもありません。

4．今の日本には、介護施設または事業者が十分にあり、機能している？　No
（理由）制度が複雑すぎて、利用者も事業者もてんてこ舞いしています。
（少ないと感じる施設は？）「療養型入院施設」、「老人保健施設」は絶対数が足りません。

　　　　　　　　　　　　　　　　　　　　　（出所：自由連合ホームページ）

第9章
新党日本の介護保険政策の論点

2006年4月10日
平成18年4月10日提出
質問第216号
介護保険制度「地域密着型サービス施設整備交付金」に関する質問主意書

提出者　滝　実

介護保険制度「地域密着型サービス施設整備交付金」に関する質問主意書
　介護保険制度の改正により「地域介護・福祉空間整備等交付金」が創設された。住み慣れた地域で暮らし続けられる地域ケア体制の確立を目指したもので、地元での生活継続を望む高齢者の希望に応える理念は評価できる。
　しかしながら、地域密着型サービス（小規模多機能型サービス）に対する施設整備費を市町村に交付し、市町村が弾力的な執行をできるよう目指したものなのに、実際の施設整備には利用できない制限があり、うまく機能していない面がある。制度上の欠陥ともいえ、真に地域再生のための新たな介護・福祉基盤の整備を進めるために是正を求める。
　よって、次の事項について質問する。
(1) 平成17年4月から施行された介護保険制度の改正により創設された「地域介護・福祉空間整備等交付金」の「地域密着型サービス（小規模多機能型サービス）」に対する施設整備費（市町村への交付金）では、借家の改修は助成対象外である。しかし、こうした施設においては、初期経費を安く抑えるために民家を賃借し、個室を増やすなどの改修をしてサービスを始める例が多い。借家

利用は経費の面だけでなく、空き家の有効利用の面からも今後も増えると見られる。

　例えば長野県では、制度改正前には運営主体やサービス内容によって国庫補助が出なかった施設を支援するため、地域で小規模で多機能なサービスを提供する「宅幼老所」を"コモンズハウス"として借家の整備に対しても助成を行う制度を平成14年度から県単独事業で設けた結果、事業者の参入が進み、平成17年度末には約300か所が整備されている。このように小規模多機能型サービスに対する地域の需要は非常に高いが、制度改正後もこのコモンズハウスについて、借家の改修は助成対象になっていない。

　改正後も制度の不備を県が補っているのが現状だが、地域密着型の介護サービスについては、国が市町村に交付金を交付するように制度を変更した以上、地域が利用しやすいように是正するのは当然である。借家の改修も地域密着型サービスへの施設整備交付金の助成対象にすべきではないか。

(2)　長崎県大村市の認知症グループホームで入居していた高齢者7人が亡くなった火災をきっかけに、消防庁は認知症グループホームに住宅用スプリンクラー設置を義務付けることを検討している。しかし、住宅用スプリンクラーの設置には費用が少なくとも100万円から300万円かかるため、ギリギリの経費で運営しているホームには費用負担が過大だ。中には「スプリンクラーが義務化されたら、収入の無い入居者に負担を求めることができず、ホームを閉めざるを得ない」と心配する声もあると聞く。また、消防庁の案では「自分で避難するのが難しい人が就寝する施設も、認知症高齢者グループホームと同様の防火対策をとる必要がある」としており、影響は他の高齢者介護施設にも及ぶだろう。

　一方で、木造住宅が多い小規模施設の安全のためには、スプリンクラーが必要だと言う消防庁の立場も理解できる。

　高齢者の福祉政策が、身近な地域に小規模な施設を整備して、住み慣れた地域で暮らすことを基本としている以上、地域密着型サービスへの施設整備交付金の助成対象に「スプリンクラーの設置等防火対策の費用」も加えるべきだと思われるが、考え方をお示しいただきたい。

第10章
介護保険の論点整理 ―― 福祉政治論を中心に ――

1. 研究の意義と問題の所在

　介護保険の動向は、1991（平成3）年に旧厚生省の「社会保障将来像委員会」で初めて介護保険制度の必要性を指摘した。当時としては、まだ一つの福祉政策に過ぎなかったと言える。しかし、すぐに1994（平成6）年の「高齢者介護自立支援システム研究会」の介護保険制度導入の提言を受けて、1995（平成7）年に発表された「社会保障制度審議会」の答申や同年の「老人保健福祉審議会」の中間報告で、正式に介護保険制度の導入の勧告や社会保険方式といった制度の骨格部分が国民に発表され、介護保険は具体的に政策化する方向へ、福祉政策は大きな転換を迎えようとしていたのである。
　それから、1996（平成8）年の「老人保健福祉審議会」の最終報告では、実施主体が国、もしくは市町村と併記された。また、加入者も20歳以上の者と40歳以上の者の双方、現金給付もすべきである、すべきでないといった双方が併記されることになった。つまり、国民に対してどちらがいいのかの判断を「同審議会」は求めたのである。しかし、旧厚生省は2カ月後に「介護保険大綱」を発表し、先述した内容について国民的議論を経ず、同省主導で介護保険制度はつくられたと言えよう。さらに、1996（平成8）年10月には自民党、社会民主党、さきがけの3党の介護保険制度の与党合意がなされて、中央集権的プロセスで政策立案されるようになり、とうとう、1996（平成8）年11月の第139回臨時国会で、介護保険関連3法案が提出され、衆議院で16本、参議院で

19本の付帯決議がなされて、同法案が同年の12月に可決成立と相成ったのである。ここで問題にしたいのは、保険料や給付といった基本的なことが法律に明記されず、ほとんどすべての事柄が政省令で決められることになっていることである。

以上が、簡単な介護保険法制定の動向であるが、何が問題かと言うと本来の国会が立法権に基づいて介護保険法を制定しなければならないはずであるが、実際は行政府にすべてをお任せにしてできたのがこの制度と言える。例えば、介護保険に国民が何らかの異議があっても、政策立案者に対してクレームがつけられない。議員や大臣であるなら、次の選挙で落選させることも可能であるが官僚は罷免できない。

このような官僚政治でなく、本来の民意を反映する国会の機能がきわめて重要である。この研究では公明党・民主党・共産党の介護保険政策を比較研究し、介護保険制度の問題点はどこにあるのか？という同制度の論点と類似点についての一考察を福祉政治の観点から試みることにした。

2．旧新進党、公明党の介護保険政策

(1) 旧新進党、公明党の介護保険政策の論点

このような一般的議論の中、この研究の本題である介護保険政策の論点は何かについて、これから見ていきたい。

まず、現在与党である公明党であるが、介護保険制度の施行前の議論は、1996（平成8）年11月20日の「新しい介護システム」という要望書を発表し、同制度についていくつかクレームをつけている。内容は、市町村の財政支援や介護給付額、保険料水準である。また、市町村における格差是正やホームヘルパー等在宅3本柱の整備、自己負担額の上限額を決めたり、食事費の負担分を勘案し高額療養費と同程度にするとか政省令委任事項を減らす等介護保険の論点について、すでにこの時期明らかにしている。

これは、新ゴールドプランが同制度を前提につくられたのではなく、もし、

同制度をつくるのなら、これだけについては是正してほしいという内容になっている。その後、同党は新進党の福祉政策の中に組み込まれていき、税方式によるバウチャー（切符）による介護保障を打ち立てたが、その後1996（平成8）年秋、衆議院において介護保険法案は通過し、参議院に舞台は移った。その時、同党の浜四津議員は、1997（平成9）年8月7日に11の問題点を提起している。

資料1
　1997（平成9）年8月7日浜四津議員が公明新聞において、介護保険の問題点をただす。
　①低所得者に重い負担になる。
　②税方式が優れている。
　③利用者の選択を認める仕組みを盛り込む。
　④要介護の認定のしくみが不透明である。
　⑤2000年において、サービスの供給量が足らない。また、行政側に要介護認定でサービス供給を絞りこむ思惑が働く恐れがある。
　⑥統一基準を作成する必要がある。（更新手続き、要介護状態の急変に素早く対応できるしくみをつくる必要がある。）
　⑦国、都道府県が費用の一定割合を支援するしくみと言っても、その基準となる費用の計算方法が、これまでの実勢価格を下回る基準では十分な支援とは言えない。
　⑧第2号被保険者の一部だけを対象とするのは問題がある。措置がだめだから、社会保険にするのに、若年層の措置は政府の方針と矛盾している。
　⑨低所得者層にとっては重い負担である。
　⑩行政の裁量範囲が非常に多い。法案を読むだけでは制度の全体像が見えない。
　⑪自治体の先行サービスを切り捨てている。（配食サービスの単独事業）

（出所：1997年8月8日　公明新聞）

　また、同党は独自で調査した結果をもとに、これらの問題点解決を政府に迫

っており、この11の問題点を整理したのが1998（平成10）年6月5日の「同制度の安定運営に関する提言」である。

資料2
　1998（平成10）年6月5日　公明党「介護保険制度の安定運営に関する提言」を発表。
　①2000年度までに介護基盤整備計画を策定する。特養などの拠点施設を全市町村に整備する。ホームヘルパー60万人、在宅介護支援センター3万カ所を整備する。
　②高齢者在宅生活支援事業を整備する。配食サービス、移送サービス、寝具乾燥、消毒サービスが主な事業。
　③介護基盤整備とともに、エンゼルプラン、障害者プランを含めた福祉の基盤整備を推進するために新たな「福祉基盤整備法」を制定する。
　④要介護認定、ケアプラン作成時における支援をする。特に、第27条の見直しを行い、被保険者、家族が訪問調査の結果について説明を求めることを認める。
　⑤低所得者に対する負担を軽減する。
　⑥市町村によるサービス指定の見直しをする。
　⑦若年障害者対策、加齢、疾病事項の削除については制度見直しの際の検討項目とすべきである。
　⑧現金給付の実施。
　⑨苦情処理体制の実施。
　⑩十分な広報活動の展開。
　⑪適切な介護報酬の設定。
　⑫地域性を配慮した加算制度を設ける。
　⑬成功報酬を導入する。
　　　　　　　　　　　　　　　　　　（出所：1998年6月5日　公明新聞）

　目新しいものは、資料2において①、②、③、⑦、⑬である。そして、3日後

には、当時の小泉厚生大臣に同制度見直しを強く申し入れたのである。

また、野党時代の最後の提言は、1999（平成11）年2月16日に表されているが、これは7つのポイントに言及している。内容は、従来の内容とほぼ同じである。

資料3

1999年2月16日介護保険安定運営確保の提言を発表する。今後の政省令の検討、確定を視野にいれながら安心できる制度確立への具体策12項目を提言。

①後期高齢者比率や第1号被保険者の所得水準による格差是正への十分な財政調整は当然である。市町村の裁量外にある保険料アップは、別途に財源を確保の上、特別調整を行うべきである。第1号被保険者のうち、住民税非課税者は76.1％である。このことは、法定外の市町村負担が考えられる。実態に応じて財政支援をするべきである。

②要介護認定は制度の根幹であり、被保険者の納得が得られる公正、公平にすべきである。

③特に、市町村や介護支援専門員らの現場の意見を十分把握し、認定基準と判定システムの改善を早急に行うべきである。

④適切な介護報酬を設定すべきである。居宅サービスの場合、現行の措置水準を越えることが予想されるため、必要な経費を積み上げる。

⑤特養ホームの現行の直接職員に最低基準を見直す。定員50名でも経営が成り立つものとする。

⑥離島や山間地域、豪雪地帯など地域の特性に見合った設定をする。

⑦自立、要支援の対策は急務である。98年より、高齢者在宅生活支援事業が実施されているが、市町村のニーズを十分調査し、必要な予算額を確保すべきである。

（出所：1999年2月17日　公明新聞）

同様に、同年2月17日に厚生大臣に「介護保険制度の安定運営確保に関する申し入れ書」を行っているが、内容は資料3と同じである。

ところが、同党は、この年の秋には政府与党にはいり、内閣の一員となり政局は大きく変化していく。そして、1999（平成11）年9月3日に自民党と公明党で政策協議が行われ、かつ介護保険制度について協議がなされた。後に、同年11月には介護保険制度の特別対策へと同政策は大きく揺さぶられる結果となったのである。しかし、同党の介護保険政策の論点は以前と変わらず、1999（平成11）年11月7日のバウチャー制度にあるように介護保険政策そのものは変わっていない。つまり、同制度施行については、まだこの当時は懐疑的であったと言える。

資料4

　1999年11月7日公明新聞で介護保険の「バウチャー制度」等の導入を主張。クーポン券を要介護者に配り、そのクーポン券をショートスティやディサービス、オムツ代など介護用品のリース代に自由に使ってもらうというものである。また、若年層をこの保険に組み込む。また、在宅は保険で賄う。国の負担も25％から30％に引き上げる。スーパーゴールドプランを策定し、基盤整備を進め、マンパワー養成、介護基盤の整備は国の責任で行う。生きがい健康づくりで元気なお年寄りを支援する。
　坂口政策審議会長のコメント「あくまでも、家族が中心で介護をし、その手助けをするだけの介護制度である。」

（出所：1999年11月7日　公明新聞）

　次に、最近は1999（平成11）年以降与党政策責任者会議において社会保障プロジェクトチームが発足し、介護保険の論点について協議が正式にスタートした。また、党の介護保険対策本部も福祉関係者と頻繁にヒアリングを行い、介護保険の論点について詰めていった。特に、2000（平成12）年4月12日において関係団体との意見交換において次の4点が問題となった。①利用者負担の利用料や旧措置入居者の取扱いなど重要事項通達の遅れに伴う混乱をどうするか。②給付管理やケアプラン介護報酬請求等の事務量の増大をどう是正するか。③社会福祉法人会計の見直しをどうするか。④痴呆症状の人が認定が低くなりが

ちな要介護認定の改善の必要性を現場サイドの問題点として、党の介護対策本部はヒヤリングをした上で明らかにしたのである。そして、2000（平成12）年5月16日に新たな提言をしている。ポイントは、痴呆介護認定を見直し、リバースモゲージ制度の創設も与党協議で実現を図るといった内容である。（紙面の関係上資料は割愛する。）

　同時に、与党においても2000（平成12）年9月21日には介護保険の論点が整理されており、ゴールドプラン21の前倒しが叫ばれた。そして、この提言を具体化したものが、2000（平成12）年9月26日の与党の改善策や同年11月28日の当該年度の補正予算から推進した施策である。基本的には、同年の9月の改善策を具体化したものであり、同党の介護保険の論点のポイントは、まさしく同年9月の改善策そのものと言っても過言ではない。

資料5
　2000年9月21日低所得者の保険料軽減を／与党の介護プロジェクト／ゴールドプラン21の前倒しなど公明党が改善提示。
　ゴールドプランの前倒し実施が必要。自立と認定された高齢者のために住の受け皿が必要。高齢者生活福祉センター、介護予防拠点の整備促進を主張。家事援助は必要としたうえで、家事援助の内容を明確化。身体介護の利用促進を検討する必要性を指摘。ケアマネージャーの機能強化をはかる支援策、介護相談派遣事業の推進、低所得者の保険料軽減、所得に応じたきめ細かな対応の必要性を主張。社会福祉法人の利用減免措置の周知徹底、短期入所と訪問通所の支給限度額の1本化、遺族年金障害者年金の特別徴収の見直しをあげる。

（出所：2000年9月21日　公明新聞）

　以上、同党の介護保険の論点を見てきたが、端的に言うと利用者中心で低所得者の立場から介護保険の論点を立案しており、行政府の視点だけではない。ただ、従来の同党の介護保険政策は、施設福祉においては措置制度にして、税財源で賄い、また、在宅福祉においては保険方式にして、保険料で賄うといった政策はどうなったのであろうか。現在では、この政策は変わったのか、変わっ

たのであるとすれば、どのような理由で変わったのか、国民に対して何一つ説明が行われていない。一日も早く、その経緯を国民に提示しなければ、政治に対する国民の不信を増長しかねないことを敢えて指摘したい。

3. 民主党の介護保険政策

(1) 民主党の介護保険の論点

　1999（平成11）年3月9日に同党の「地域介護力パワーアップ作戦〜生きがいと安心の高齢社会の構築をめざして〜」においては、介護保険のポジティブな面を指摘しながら、療養型の片寄りに対して慎重な対応が必要であること、予防、生きがい支援等が論点である。そして、1999（平成11）年6月29日には同党の介護推進本部は、次のように指摘している。

資料6
　1999年3月9日　介護保険実施に向けた当面の課題と見解（民主党介護保険対策本部）2000年4月実施を主張する。
　介護保険制度の目的
　①家族介護から社会的介護への転換。②要介護高齢者の人権の確立と高齢者の自立支援。③措置制度からサービス選択可能システムへの転換。④社会的入院を解消し、在宅介護を充実する。⑤民間活力を利用して、良質かつ大量サービスを生み出すことにある。実施延期は、高齢者福祉行政の混乱と停滞を招く。今なすべきことは、問題があるから凍結するのでなく、問題点を解決することである。
　当面する課題について推進本部の見解。
　①（要介護認定）コンピューターソフトの公開。判定方法への国民および関係者の意見を反映する。調査内容や判定方法についてたえず見直す。市民参加条項を活用。認定審査会条例の判定にあたっても、委員の構成や人選、事業計画策定過程での情報公開や市民参加の徹底をはかる。認定結果に対

する不服申し立て。市町村レベルでの相談窓口の設置。市町村の体制整備。
② (自立と判定された高齢者への対策) ケアハウス、グループホーム等の在宅サービス基盤や移行プログラムを整備。移行期の問題解決をはかる。現行の老人福祉法、老人保健法で行われている在宅サービスのうち要介護状態にならないための保健サービスや一般的福祉サービスについては、自治体計画に基づいて従来通り続けられるべきである。介護事業計画策定にあたって、老人保健福祉計画、地域福祉計画との一体性の確保をめざすとともに必要な予算確保をすべきである。国、都道府県、市町村での必要な予算措置を求めていく。
③ (保険料の地域格差について) 保険料を抑制するために療養型病床群の数に歯止めをかける。月46万円の介護報酬を段階的措置を通じて介護施設の適正な料金を誘導するなど施策の検討、推進が必要。広域化による保険料の平準化。保険料低減のための諸方策の検討。
④ (低所得者対策) 地域の実情に合わせて、弾力的な軽減が行われるような制度運営が必要。「高額介護サービス費」の導入。自己負担の上限額．低所得者低減案が検討されているが、「市町村民税非課税」でひと括りせず、実情に合わせた軽減額をさらに大きくした区分等を設ける。
⑤ (家族による介護サービスの評価について) 現金給付は行われない。ホームヘルパー資格を有する者が自分の家族を介護することを認めるかどうかの問題は一定の条件を付す。
⑥ (2号被保険者40歳～64歳負担と医療保険制度改革) 介護保険制度の導入は、社会的入院を中心とする老人医療費の無駄をなくすことにより、第2号被保険者の老人拠出金の負担を軽減する効果を生み出す。介護保険の着実な前進と合わせて、健康保険財政に対して重大な関心を払いながら、老人医療を中心とする制度改革案を早急に行うことを政府に強く求めていく。

(出所:民主党ネクストキャビネット政策資料)

その要点は、要介護認定の見直しと市民参加、認定結果に対する不服申し立て、市町村レベルでの相談窓口の設置、老人保健法や各福祉法整備により自立

高齢者の生活支援をすることとか、療養型病床群の抑制と保険料の平準化、市町村民税非課税でひと括りせず、実情に合わした軽減策をとるとか、老人保健、医療の改革等をあげることができる。

　それから、民主党は1999（平成11）年秋の特別対策には強く反対の立場をとっている。理由は、「そもそも自民党は保険方式、自由党は税方式、公明党に至っては折衷案と3党の介護保険に対する主張はばらばらである。場当たり的で選挙目当ての見直しを打ち出した。これは、保険料なき保険方式、税負担なき税方式をなし崩し的に進めるものであり、国民を愚弄する無責任な行動である。」(出所：1999年11月11日　介護保険制度の骨格を変えず、円滑な実施を求める緊急アピール　介護保険制度の見直しを受けて　民主党介護対策本部) として反対の立場をとっている。また、特別対策の問題点としては7点をあげている。①保険料徴収を行わないこと。②相互連帯に基づく保険原理の根幹を壊し、制度の趣旨をゆがめる。③赤字国債の増発は無責任。④市町村の努力をむだにし、地方分権の流れを阻害する。⑤低所得対策や介護基盤整備に対する重点対策を講じるべきである。⑥家族慰労金は家族介護に逆行する。⑦民間参入のインセンティブが失われる。(出所：1999年11月11日介護保険制度の骨格を変えず、円滑な実施を求める緊急アピール介護保険制度の見直しを受けて民主党介護対策本部) さらに、2000（平成12）年3月31日に民主党ネクストキャビネットでは「介護保険制度スタートにあたって、ケアプラン作成の遅れ、要介護認定をめぐる問題、低所得などすでにいくつもの問題点を指摘し、国、都道府県、市町村が密接に連携、協力を進めながら課題を整理すべきである。」(出所：民主党ネクストキャビネット　雇用、社会保障大臣今井澄氏発表資料) ということを強く訴えた。そして、2000（平成12）年9月27日に発表した「介護保険に対する民主党の7つの低減－10月1日から介護保険料徴収を前にして－介護保険をより良くするプロジェクトチーム」においても、この7つの論点やその論点に対する根拠を示している。

　また、2000（平成12）年6月6日の民主党の「15の挑戦と110の提案～無責任な政治と決別し安心、未来をつくるために～」においては4つの論点を示している。①スーパーゴールドプランを策定し、介護基盤の整備に集中投資する。②

特養の個室化を徹底する。③介護の切り札、グループホームを全国2万カ所設置する。④痴呆ゼロ作戦を展開を同党は改めて、国民に提示しているのである。

さらに、2001（平成13）年1月16日には、同党は「新しい政府を実現するために民主党は最良の国、日本をつくる」を発表し、具体的な介護基盤の整備内容や2001（平成13）年3月23日「第19回参議院議員選挙政策、すべての人に公正であるために17の改革、21の重点政策、民主党ネクストキャビネット」においても、今までの論点と同じ内容を国民に提示している。また、2001（平成13）年3月以降の同党の論点も従来からの議論とほとんど変わっていない。

民主党の論点をまとめると、介護基盤の整備、特に、グループホーム、宅老所、ユニット室での個人の老人ホームを整備することと、介護報酬の見直しでケアマネージャーや介護職の待遇改善、できる程度の保険料アップを求めている。ただし、全体の大幅な保険料アップには反対している。

それから、身体拘束ゼロ作戦の徹底であり、違反者には保険指定の取り消しを求めている。また、痴呆施策の強化や痴呆ケアなどの専門的スタッフの育成と痴呆の要介護認定の適正化を主張している。また、グループホームを運営するためにの人材養成学校やコースを各都道府県につくったり、痴呆の予防教室を全国で開催し、痴呆予防を普及させたり、「痴呆年」を実施し、国民の痴呆への理解を高めたり、痴呆症状が要介護認定に適正に反映されるよう一次判定ソフトの見直しに同党は言及している。

最後に、NPO法人の非課税制度や同法人が福祉法人と同等の待遇になる制度創設、ショートスティの弾力化、現場裁量権の拡大が同党の介護保険の論点として整理できよう。

4．共産党の介護保険政策

(1) 共産党の介護保険の論点

そもそも介護保険が議論された1994（平成6）年から1995（平成7）年頃には、同党は保険は一般国民を対象とし、低所得者においては、これまでの措置

制度で行うべきだという考え方が主流であった。つまり、措置と保険を組み合わせたシステムに賛同していた。そして、介護保険法制定前後になると、介護保険の論点を次々と発表している。これから時系列に見ていきたい。

1998（平成10）年4月1日に「2000年4月までこれだけは解決しなければならない－介護保険法実施にむけての日本共産党の緊急提案」を同党は発表した。ここでの論点は、13項目あげている。

資料7

2000年4月までこれだけは解決しなければならない－介護保険法実施にむけての日本共産党の緊急提案1998年4月1日。①苛酷な保険料。②必要な介護サービスを保障する条件整備の見通しがない。③重い利用料負担。④要介護認定基準への疑問と不安。⑤保険料が払えない制度から排除される事態をなくす。⑥介護のための基盤整備の目標を新制度導入にふさわしく引き上げる。⑦用地費の国庫補助制度創設。⑧現行の福祉水準を後退させない措置をとる。⑨特養から病院に入院しても再び戻れるようにする。⑩自治体の単独施策の国の財政援助をする。⑪高齢者の生活実態を反映した認定基準をつくる。⑫市町村の苦情窓口、複数の審査会の設置する。⑬福祉オンブズパーソン制度を創設する。

（出所：赤旗　1998年4月2日）

また、1999（平成11）年3月16日に「介護体制の改善へ5つの緊急要求」を発表し、4つの課題、5つの要求を同時に国民に提示している。

資料8

1999（平成11）年3月16日「介護体制の改善へ5つの緊急要求」最小限の課題。①保険料が払えないために制度から排除されることをなくすこと。②介護サービスの整備目標を新制度導入にふさわしく引き上げること。③現行の福祉水準は絶対に後退させないこと。④介護の認定基準は高齢者の生活実態を反映したものにすること。5つの課題。①大幅に遅れている介護基盤整備に国と自治体は全力を。（特養待機者11万人）②低所得者を排除しないために、保険料、

利用料の減免措置は国、自治体の責任で。(独自の調査で、3万人の調査のうち約30％が保険料を払えない。45％が利用料が払えないと答えている。) ③自治体の福祉施設への単独補助打ち切りや福祉事業からの撤退を中止する。④特養老人ホームからの入所者の追い出しは絶対しない。⑤介護が必要かどうかの判断は高齢者の生活実態を反映したものにする。

(出所：赤旗　筆者一部加筆　1999年3月16日)

さらに、1999（平成11）年7月5日に「介護保険の深刻な事態を打開するために」という緊急提案を発表したが、内容はこれまでの議論とほぼ同じである。また、1999（平成11）年10月27日に参議院決算委員会で阿部議員が「介護保険利用者負担の軽減を」を強調した。そして、同党の緊急提案の実現化を主張し、①政府の責任で実態を調査し、国民に報告する。②実施にあたっては、最低限必要な制度改定を行う。の2つを明らかにし、具体的な介護保険の課題と改善策を国民に提示したのである。

次に、1999（平成11）年11月30日には「介護保険の凍結中、これだけは基盤整備、低所得者対策を」という題で志位局長が記者会見をし、5つの論点を発表している。

資料9

1999（平成11）年11月30日「介護保険の凍結中、これだけは基盤整備、低所得者対策を」①4万7,000人の在宅待機者がいるが、すべての自治体が厚生省で示す最低水準を突破すること。②国の負担割合を50％にする。住民税非課税の高齢者、低所得者は保険料を免除する。③介護認定審査会の充実強化－当面1年間は保険料の徴収を凍結。その間にこれらの対策を実施する。基盤整備の状況を見極め、制度の本格的実施に踏み切るかどうかを判断する。④年間50兆円の公共事業の根本的改革をする。⑤特養ホームゼロ958自治体（98年10月1日）がある。ゆえに、設置基準緩和、運営費増額、土地取得費の補助を行うべきである。

(出所：赤旗　1999年12月1日)

また、2000 (平成12) 年9月14日の同党の国会議員団は政府に「介護保険制度をめぐる深刻な事態をはかるために」という緊急申し入れをしている。ここでの、論点は3つを国民に提示している。

資料10

2000年9月14日介護保険制度をめぐる深刻な事態を打開するために－日本共産党国会議員団－

①保険料、利用料の免除、軽減、措置を緊急につくること。非課税高齢者、在宅介護利用料を無料にする。訪問介護利用料3％の軽減措置を新規のサービスの利用者も含めて訪問看護、通所介護（ディケア）、訪問入浴などすべての在宅サービスに拡大。自治体独自の保険料軽減措置等に対して国は介入しないこと。②サービスの提供にあたって民間に任せるのでなく、公的責任を明確にする。政府の責任で介護基盤の整備に全力をつくすとともにサービス提供にあたっては、自治体自ら事業者になるなどその責任を明確にする指導を徹底すること。③保険料徴収を延期して制度の見直しを先行させること。(1)要介護認定を急いで改善すること。一次判定コンピューターソフトの問題、痴呆性症状の実態を反映しない。(2)福祉現場の労働事情悪化を放置せず、政府の責任で必要な改善策をとること。

(出所：赤旗　2000年9月15日)

尚、この党の介護保険の論点の要約は、2000 (平成12) 年9月14日のこの緊急申し入れの中ですべてが集約されている。また、同党は独自の介護保険法案を参議院に提出しており、公明党、民主党にない独自案を強く打ち出していることも、この党の特色と言えるだろう。

資料11

2000年2月22日介護保険法案を提出（参議院に提出）1999年11月30日案を具体化。①住民税非課税者を対象に減免を実施。在宅サービスの場合全額免除、施設サービスは現行の負担水準まで軽減、国の負担割合を50％負担。②2000年

度保険料徴収を行わない特例法案として提出。その間の75％を国庫負担とする。調整交付金は交付せず、財政安定基金を設けない。上乗せ横だし分は一般会計から繰り入れ、その2分の1を国が負担する。

(出所：赤旗　2000年2月22日)

　以上が同党の介護保険の論点であるが、大まかに言って、サービス利用者、低所得者の視点での論点であることが理解できる。そもそも同党は、介護保険そのものに従来から反対の立場をとっており、介護保障のあり方は原則として国の責任を重要視している。したがって、財源確保は一般財源からであり、公共事業を削減し、介護保障を手厚くすべきだと主張し、公明党、民主党と異なるところは、財源を国民の負担に求めるべきでないということがこの党独自の論点と言えよう。

5．3党の介護保険の論点における類似点

　公明党、民主党、共産党の介護保険の類似点は大まかに次のとおり整理することができる。①介護基盤の整備である。ゴールドプラン21の前倒しや見直し、グループホーム、宅老所、ユニット型で個人の個室を整備したり、自立と認定された高齢者の支援として高齢者生活福祉センター等の介護予防の拠点の整備促進等をはかることである。②環境や家族に配慮した要介護認定、痴呆性の正確な要介護認定と誰もが利用できる不服申し立て制度である。③ケアマネージャー機能強化をはかる支援策であり、それにリンクして、福祉職の待遇改善のための介護報酬の見直しをする。④低所得者の保険料軽減であり、所得に応じたきめ細かな対応をする。⑤社会福祉法人の利用減免措置の周知徹底と短期入所と訪問通所の一体化、ショートスティの弾力化をはかる。⑥市町村に財政支援をする。⑦現場裁量権を拡大する。

　大まかに言って、7点の3党の介護保険における類似性のある論点をまとめてみた。ご承知のとおり3党の論点は、細かい部分を抜きにして端的には非常に

類似していることが理解できる。

6．3党の介護保険の論点にない課題

　この３党の介護保険の論点の中で、どの党もふれていない論点があり、特に重要な論点を私見から考察したい。内容は、次のとおりである。①ホームヘルパーの医療行為をあげたい。現実は、この行為が禁止されていながら、訪問看護師のマンパワー不足等で実際には行われている。本来なら、介護保険の施行時までに問題解決しなければならない重要な問題であるが、どの政党もこの点にはふれていない。②盲聾唖者の要介護高齢者においては、十分に介護保険が利用できない現実がある。事業者と対等になれるようコミュニケーションを権利として保障する責務が国、自治体に課せられている。ゆえに、コミュニケーションを権利として認め、介護保険の中でシステム化していく必要がある。③65歳以上人口の10％を占める在日朝鮮韓国人に対しての配慮が足りない。例えば、保険料徴収で、65歳以上の者は年金からの天引きになっているが、1982（昭和57）年までは彼らの国民年金加入を認めておらず、国連難民条約締結後に加入が認められるようになった。しかし、当時35歳以上の者は加入期間が満たないということで、年金保障が不十分である。ゆえに、無年金者が多く存在し、介護保障において疑義がある。加えて、これまでの歴史的背景を考慮して、彼らの民族性を尊重していく観点からも、彼らのニーズにあった介護保険を構築しなければならない。特に、外国人に対しては言葉、生活習慣、食事等においては十分配慮したサービスの構築が求められている。④住宅に対しての論点が弱い。劣悪な住宅、住環境においても、介護保険の介護報酬に組み込まなければならない。つまり、住宅環境の悪さが要介護高齢者の症状を悪くさせるのであり、在宅中心の介護保険であるならば、きめ細かな制度構築が必要である。

　この他にも論点は多々あるが、私見としてこの４点については、どの党も論点を整理し国民に具体的に提示していない。大事なことは、社会福祉はマイノリティの方のニーズに対応したサービスでなければならない。人にやさしい介

180

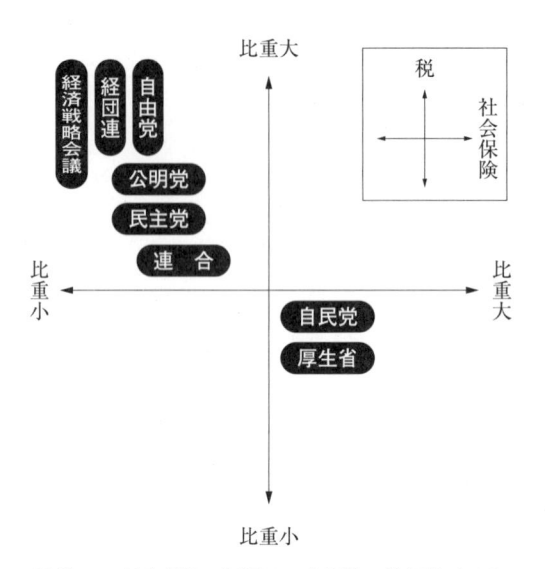

資料12 社会保障の財源は？座標軸に位置付けると
（出所：朝日新聞　1999年9月6日）

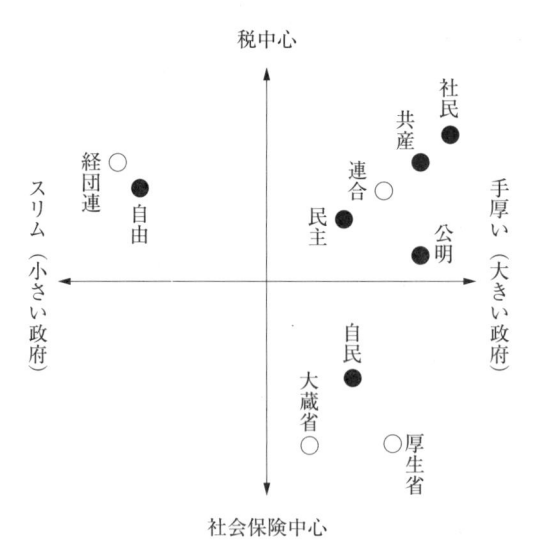

資料13 社会保障と負担（党、官庁、団体の考え方）
（出所：朝日新聞　2000年5月26日）

少子高齢社会と負担

　日本はすでに世界各国のトップを切って、人類がかつて経験しなかった厳しい少子高齢社会に突入している。65歳以上の高齢者はいま2千万人余りで、全人口の16.7％。約20年後には3千3百万人を越え、30％近くに達する。この高齢化率がその後も2、30年は続く。
　そんな社会では、年金や医療、高齢者福祉、介護の費用が増大する。その分働き盛りの世代の税や保険料負担は増える。経済は低迷し、生活に悪影響が及ぶ。

自立と連帯が基礎

　この社会を少子高齢化に合わせて大きく変容させていかなければならない。キーワードは、「自立」と「連帯」である。
　高齢期に入ってある日突然、末期がんを宣告される。入院は長引き、保険が利かないさまざまな治療材制費を請求される。一包み数万円の民間のがん抑制健康食品を勧められて購入する。家庭の精神的、肉体的負担も大きい。
　高齢者が多くなればこうしたリスクはますます増える。だれでも弱者になる可能性が高まる社会である。
　要介護高齢者や障害者ら手助けが必要な人には、十分なサービスを提供すべきだ。しかし、要介護高齢者らもできるだけ自立を心がけて生活する必要がある。少子高齢社会は、要介護高齢者や障害者、健常者が、平等な立場で助け合いながら自立して生活する社会だ。
　社会のあり方について明確な理念を示すのは、政治の役割である。だが、各党の姿勢はもの足りない。
　示すべき対立軸は、「保守」か「リベラル」か、であろう。
　保守主義とは、「小さな政府」をめざし、国防、警察、消防など以外は、できるだけ市場または民間企業に任せたほうがうまくいくとする『市場主義』の立場をとる。
　リベラルは、まず「市場は万能でない」とみる。失業を減らし、景気をよくするには、政府による市場への介入が不可欠だとして、結果的には高福祉高負担に傾く。
　京大経済研の佐和隆光教授はこう整理している。
　自民党が政権維持にきゅうきゅうとしている以上、野党第一党の民主党にまず対立軸の提示を期待したい。だが、鳩山由紀夫代表本人が保守とリベラルの認識にあやふやな印象がある。同党の保守系議員の多くにも共通している点だ。

「第三の道」模索を

　従来の社会民主主義では、国民に厳しい負担増と給付の見直しを求めるという重い課題をこなせない。他方で、市場万能主義では、健全な中間層が失業やリストラでふり落とされていく。両者を乗り越えた、新しい「第三の道」を模索することが求められる。
　社会保障制度改革では、財源の取り扱いが最大の課題だ。公共事業の見直しで財源を出すとする共産党を除き、各党は消費税率の引き上げを視野に置いている。
　しかし、総選挙では自由党を除いて各党とも、財源問題で明確な態度を示さなかった。各党はまず、将来の消費税率の引き上げ上限を明示すべきだ。それによって保険料負担の将来計画が立ち、サービスの見直し議論も始まる。税率の上限は、15％と20％の間が焦点になるのではないか。
　さらに、税率引き上げには、零細事業者が消費税を納めていない益税問題の解決や経済的弱者への配慮が前提条件であることはいうまでもない。

（編集委員　有岡　二郎）

資料14

（出所：朝日新聞　2000年6月30日）

護保険の構築が今こそ求められていると言えよう。

7. まとめ

　重要なことは、介護保険の論点について各党が現実に取り組み、介護保険の論点を現実に解決していくには、負担と給付の関係や財源を現実にどこから調達してくるのかということを、どうしても国民に提示しなければならない。しかし、現実のところそのあたりが曖昧模糊になっている。ただ、その方策の一部のみを政党は部分的に明らかにしている。

　公明党は、1999（平成11）年秋に2005（平成17）年までに基礎年金、介護、75歳以上の後期高齢者医療を包括して総合的に整備することを、当時の自民党と自由党で政策協議を結んでいる。しかし、消費税の税率については全くふれていない。

　次に民主党は、2000（平成12）年11月末にネクストキャビネットの会合で「基礎年金の財源は年金目的の消費税とし、具体的な数字を盛り込みたい。」（鳩山党首）と言及していたり、2001（平成12）年1月の党大会では「消費税等として5年以内に全額国庫負担する。」という公約を国民に提示しているが、消費税の税率は明らかにしていない。

　一方共産党は、消費税そのものの廃止を訴えており、社会保障給付費20兆円、公共事業費50兆円（税財源）の現状を逆にすれば介護保障も含めた社会保障の充実ができると主張している。

　また、内閣においては2000（平成12）年のはじめに設けられた社会保障有識者会議において、同年10月に公表された「21世紀に向けての社会保障」の報告書においても公費負担の必要性を指摘しており、消費税活用なども検討課題として国民に提示されているが、具体的な中味は明らかにしていない。

　さらに、2000（平成12）年6月30日朝日新聞における有岡氏の論調にもあるように、社会のあり方について明確な理念を示すのは政治の役割である。介護保険の論点でも明らかであるように、示すべき対立軸保守（小さな政府）、リベ

ラル（市場は万能ではない）または第3の道のどちらなのか？　共産党を除いて不明確と言わざるを得ない。また、介護保険の論点においては、どの政党も国民に対してばら色のみを提示し、本来は痛みが伴う負担を先送りしているような感じさえするのは私一人だけだろうか。

　それから、3党の介護保険の論点を分析してみて、これだけの類似点があるのであれば、どうして介護保険制度がよくならないのかという素朴な疑問が生じる。その原因を大まかに検討すれば次のことがあげられる。

　そもそも、介護保険関係予算も社会保障予算の1つとして国会へ上程されており、一般歳出の1つとして括られている。文教予算や科学振興予算、公共事業予算、防衛予算等とミックスされているため介護保険の論点が同じであっても、基本的に民主党、共産党は他の政策経費を含む一般歳出予算であるので、国会では予算案に対して反対せざるをえない。これは私見だが、公明党は1999（平成11）年7月に第2回臨時全国大会を開催している。その基本政策「21世紀日本改革プラン」の中に社会保障会計の独立というのがある。すなわち、社会保障の会計を一般歳出からはずしてしまうシステムのことを指す。このような制度ができれば、同じ福祉政策の場合、与野党が協力すれば、今の福祉水準以上のサービスが期待できるのではないだろうか。加えて、ウイルダフスキー（米国の政治学者）が言うように、インクリメンタリズム（増分主義）の予算編成を取る限り、介護保険の財源増は無理かもしれない。国民のニーズや需要増を重視した合理的な予算編成が今こそ必要である。

　まさしく、現在の超高齢化における介護の問題は国民的課題であり、与党も野党もない。ある時は福祉政策で競争し、ある時は国民のために福祉政策においては協力することが求められているのではないだろうか。例えば、2000（平成12）年5月に制定された「児童虐待防止法」や2001（平成13）年4月に制定された「DV防止法」は、超党派の国会議員が中心となり議員立法として国会上程され、短期間の審議で与野党が賛同して法律ができているのである。介護保険も同法と比べて一律に比較できないものの、与野党が協力した1つの福祉政策のモデルとして位置づけることは言い過ぎであろうか。

　この研究では、福祉政治における介護保険の論点を明らかにし、そして、3

党の類似点と財源問題、これから政治がやるべき方向を一考察した。結論あたりが、まだ不十分であるが、これからの研究課題として取り組んでいきたい。

参考文献

1. 五十嵐芳樹著『これが介護保険だ（新版）』WAVE出版　2000年
2. 佐藤信人著『介護保険－制度としくみ－』建帛社　1999年
3. 岡本祐三、田中滋著『福祉がかわれば経済が変わる』東洋経済新報社　2000年
4. 社会保障制度審議会事務局編『社会保障の展開と将来』法研　2001年
5. 山井和則著『福祉現場VS国会』講談社　2001年
6. 公明党東京都編『介護を考える』公明党東京都政策局　2000年
7. 日本共産党中央委員会出版局編『ここが問題！介護保険－日本共産党の緊急提案－』日本共産党中央委員会出版局　1999年
8. 朝日新聞　公明新聞　赤旗（1995年4月～2001年6月）
9. 月刊民主（1998年4月～2001年6月）
10. 『厚生労働白書（平成13年版）』ぎょうせい　2001年

■編著者紹介

松井　圭三（まつい　けいぞう）

現在、中国短期大学保育学科准教授
岡山大学医学部非常勤講師
就実大学人文科学部初等教育学科非常勤講師

今井　慶宗（いまい　よしむね）

現在、学校法人中川学園広島福祉専門学校非常勤講師（法学・社会福祉援助技術論）
社会福祉法人メインストリーム身体障害者療護施設エバーグリーンホーム生活支援員

21世紀の介護保険政策集
― 政党を中心に ―

2008年4月20日　初版第1刷発行

■編　著　者──松井圭三・今井慶宗
■発　行　者──佐藤　守
■発　行　所──株式会社 大学教育出版
　　　　　　　〒700-0953　岡山市西市855-4
　　　　　　　電話 (086) 244-1268代　FAX (086) 246-0294
■印刷製本──モリモト印刷㈱
■装　　丁──ティーボーンデザイン事務所

Ⓒ Keizo Matsui, Yoshimune Imai 2008, Printed in Japan
検印省略　落丁・乱丁本はお取り替えいたします。
無断で本書の一部または全部を複写・複製することは禁じられています。

ISBN978-4-88730-839-8